Novela

Luz M. Cabeza Roa

EL DETECTIVE

EL DESAFÍO COMPRUEBA ÉXITO

Producción editorial: Ediciones Daimon
Córdoba, Argentina
Coordinación editorial: Manuel Cornejo
Diseño de tapa: Keillykey M.
Arte de portada: Departamento de arte Ediciones Daimon
Diseño de interior: Departamento de arte Ediciones Daimon

Cabeza Roa, Luz María
El Detective / Luz María Cabeza Roa
ISBN: 9798428236439
Queda hecho el depósito que previene la Ley 11.723
Derechos reservados.
© 2023. Luz María Cabeza Roa
© 2023. Ediciones Daimon

COPIAR Y/O FOTOCOPIAR TOTAL O PARCIALMENTE ES DELITO.

No se permite la reproducción parcial o total, el almacenamiento, la transmisión o la transformación de este libro, en cualquier forma o por cualquier medio, sea electrónico o mecánico, mediante fotocopias, digitalización u otros métodos, sin el permiso previo y escrito del editor. Su infracción está penada por las leyes 11.723 y 25.446.

Índice

DEDICATORIA 5
CAPÍTULO I 7
    La historia del comienzo de un psicópata 7
CAPÍTULO II 13
    El psicópata ante la víctima 13
CAPÍTULO III 19
    Las primeras hipótesis y acciones del detective 19
CAPÍTULO IV 31
    La investigación que hizo estremecer al detective 31
CAPÍTULO V 41
    La exhumación del primer cadáver 41
CAPÍTULO VI 51
    Trabajos temporales del psicópata 51
CAPÍTULO VII 65
    Severa investigación del detective 65
CAPÍTULO VIII 75
    Persecuciones del organismo policial 75
CAPÍTULO IX 87
    Las pistas descubiertas del detective 87
CAPÍTULO X 97
    Propuestas De Familiares De Victimas 97
CAPÍTULO XI 109
    Estrategias De La Madre De Gaspar 109
CAPÍTULO XII 123

El psicópata capturado por agentes de seguridad 123
CAPÍTULO XIII 137
El final de la investigación de un detective exitoso 137
CAPÍTULO XIV 151
Instalación primera audiencia ante la corte Suprema 151
CAPÍTULO XV 167
La presentación formal de un penalista exitoso 167
CAPÍTULO XVI 177
La sentencia de muerte declarada por la corte 177
BIOGRAFÍA 181
AGRADECIMIENTO 183

DEDICATORIA

Dedico esta obra policíaca llamada también novela negra a todos los interesados en saber cómo es el desenvolvimiento de un Detective súper exitoso, la misma está basado en una experiencia recabada del caso de la vida real en USA. Esta novela contiene herramientas que posee un buen abogado en el derecho procesal penal; como también hay terror de parte del antagonista como psicópata.

Se destaca por tener un alto valor de contenido para la sociedad de hoy, como también esas madres de hoy que traen al mundo hijos sin observar su conducta del crecimiento emocional y psíquico pudiendo evitar males mayores en el futuro.

Es interesante porque se basa en los derechos constitucionales de USA para este caso específico, de manera que lo dedico con mucho cariño a los lectores que despierten curiosidad observar en letras la creatividad de una novela.

CAPÍTULO I

La historia del comienzo de un psicópata

Una dama llamada Vicenta recorre apresurada en la ciudad de New York en medio del turbulento tráfico de autos y mucha gente; además del tormentoso ambiente. Vicenta llora la desesperada situación muy difícil; tratándose de lo más común vivir una mujer al enfrentarse a sus padres por enterarse del embarazo sin pareja estable, sufriendo como consecuencia negarle todo tipo de ayuda y echarla a la calle.

— Ella no cuenta con su pareja; porque también le niega la ayuda, y como consecuencia ella debe buscar en donde pasar su noche para descansar.

Dentro su angustiada situación ella debe tomar una decisión crucial, en pedir ayuda para estabilizarse, y es donde al recordar sus viejas amigas; la primera que se le vino a la mente y de su entera confianza; es Anastasia, decidiendo llamarla por el fono

— Hola amiga Anastasia, soy Vicenta; te llamo desde New York y necesito tu ayuda.

— Vicenta, sabes que cuentas conmigo. Pero dime algo; que tipo de ayuda quieres

— Vicenta, sabes que cuentas conmigo. Pero dime algo; que tipo de ayuda quieres

— Amiga me botaron de mi casa, estoy embarazada y mi pareja me abandona.

— Entonces amiga bienvenida a mi casa con los brazos abiertos, cuenta conmigo amiga, te mando para los pasajes a Florida, mi dirección y acá me contarás con detalles.

—Pasó varios meses preparándose para la llegada de su bebe, y Anastasia con sus pocos ingresos le ayuda comprando algunas ropitas, entre otras necesidades básicas que pudiese necesitar para la llegada del bebé en sus primeros días del nacimiento, de manera que Vicenta agradecida la ayuda a los quehaceres de su casa; y tarareando pasa contenta el resto de los meses.

Y con sus batas hechas de retazos de tela cocido a mano por ella, pero muy feliz traer a su vida un hijo, o una hija para darle alegría, Vicenta se levanta una mañana retorciéndose con dolores y se da cuenta que le llegó el momento del parto, diciéndole a su amiga Anastasia que se alistara para ir acompañarla asistir al hospital, mientras Anastasia se prepara muy rápidamente y la acompaña.

Allí las enfermeras la reciben tomando nota para los primeros auxilios y mantenerla calmada por ser una primeriza, luego la llevan al quirófano dándole instrucciones que debe colaborar pujando, las contracciones fuertes de la última fase la hicieron gritar y al pujar nace su primogénito, dándole la buena noticia su médico ser un varoncito.

Al tercer día de estar en el hospital le dan de alta a Vicenta para salir, la amiga Anastasia muy pendiente de ella le acompaña a Vicenta a registrar al bebé; ya previamente habían quedado ambas en un acuerdo adulterado en la constancia de nacimiento.

Pasando Vicenta como la figura de la tía, haciendo la salvedad ante el registro que su madre al dar a luz falleció, esto lo hacían ambas dentro de su ignorancia para evitar que el bebé no sintiera el vació de no tener una figura paterna, y Vicenta acepta sin saber las consecuencias que le puede traer en el futuro al conocer la verdad su hijo cuando creciera; si el caso fuese le preguntara, de modo que esa constancia del hospital procedió sin problema al Registro, luego seguidamente le preguntan qué nombre le pondrían al bebé, y Vicenta lo registra con el nombre de Gaspar como el nombre de uno de los reyes magos.

Días más tarde Vicenta amamantaba su hijo y lo miraba a sus ojitos con vehemencia; y mucho dolor por haberlo traído al mundo sin ninguna garantía de poderlo criar como él se lo merecía, y le acariciaba pidiéndole perdón por ignorancia, al pasar los años Gaspar ya estaba en edad de demostrar su personalidad de un poco impertinentico.

Demostrando Gaspar a su corta edad ser un niño sin control ninguno emocionalmente, un tanto muy inseguro, quizá porque Vicenta tuvo angustias durante su embarazo, demostrando sí ser muy inteligente. Gaspar en su crecimiento en etapa de la primaria culminó estudios, y en la secundaria también; obteniendo sus mejores calificaciones

Gaspar crece y se enamora por primera vez de la mujer de su vida, son compañeros y novios se amaban locamente de lo más normal, pero Gaspar creció con esa mentira originado por su madre que fue afectado. Luego Gaspar avanzando en la universidad hay una tarea sobre el derecho civil; teniendo que registrar a un ciudadano bajo la indicación del profesor en la registradora Civil.

Sin embargo, Gaspar tiene curiosidad en querer empezar investigando su origen en el registro, y sorpresivamente descubre morir su madre en el parto, apareciendo Vicenta registrada con la observación de ser su madre adoptiva, pero siguió investigando hasta llegar a la persona que la acompañó el día del parto; tomándose su tiempo hasta llegar a la dirección y tocarle su puerta.

Al entrevistar a la amiga de Vicenta le confiesa la verdad de la decisión tomada, pensando que grande le pudiera afectar la falta de la figura paterna, prefiriendo quedara en el anonimato evitando que él sufriera esa ausencia paterna, además sin familia. Anastasia también se hace responsable de esa decisión incorrecta comentándole les perdone y la quiera por haberlo traído al mundo, ella no quiere llevar peso en su consciencia.

Y como resultado descubre Gaspar que Vicenta si es su verdadera madre, quedándose pensativo se pregunta ¡hacerme pasar por hijo adoptival! Gaspar no entiende y su reacción es sentirse enormemente afectado de la incoherencia de Vicenta negar su derecho de la verdad, además su historia triste sin haber conocido su padre, decepcionado se siente el hombre más desgraciado.

Gaspar saliendo a su encuentro en reclamarle ¿porque se atrevió a negarlo como madre? doliéndole ser negado como su hijo surge en él la razón que lo conllevó a la locura; y no querer saber nada de Vicenta, surgiendo al encuentro con Vicenta tiene la confusión si prejuzgarla después de haberlo protegido o conspirar con ella en todo caso, pero sin embargo existe la rebeldía en él, y mucha rabia haberle negado ser su verdadero hijo.

Discute Gaspar desconsoladamente gritándole a Vicenta mejor no lo hubiese traído al mundo y se hubiese evitado tener vergüenza por él, saliendo Gaspar por esa puerta con furia para alejarse a pedir consuelo a su novia contándole lo que le sucedía, mientras ésta lo escucha con la menor atención y sin apoyarlo lo rechaza a Gaspar con muchas excusas incoherentes, diciéndole no querer verlo en sus proyectos, en definitiva, lo hecho de su lado; y para él fue la gota que rebosó el vaso.

En consecuencia, Gaspar se descontrola y entra en crisis emocional con un comportamiento inusual odiando vivir, y no obstante a eso se encerró en su alcoba a llorar y tirar cuanta cosa veía en su ambiente, pero al pasar los días apresurando el paso, él mira con reojo a sus alrededores con mucha rabia a mujeres; y en su mente rondaba la única idea de vengarse como su desahogo.

En su desquiciada mente de Gaspar camina muy triste por las calles su descontento mostrándose muy deprimido haciéndose películas no contar con ninguna familia cercana y sincera, sufriendo más tarde de fuertes depresiones llevándolo a enloquecer; pero cuando empezó los arrebatos regresa dónde su madre para hostigarla haciéndola sentir mal con intenciones de matarla.

Su madre Vicenta por su parte trata darle una explicación de aquella decisión que tuvo con lágrimas en sus ojos contándole su motivo,

Gaspar está cerrado en escucharla siendo su dolor más fuerte que él. Gaspar no entiende la explicación que le da su madre, y desde luego hacerlo pasar como su hijo adoptivo.

Es evidente que emocionalmente estaba destruido moralmente; que sus reacciones son violentas, luego su madre al sentirse amenazada por Gaspar no le quedó más remedio que huir de su lado, evitando que atentara contra su vida saliendo apresurada con su maleta a buscar una habitación para refugiarse y seguir adelante.

Cabe destacar que la apariencia de Gaspar es atractiva y una labia que convence a cualquiera en sus propósitos, ya no tiene control, Gaspar se desquicia tomando la situación muy a pecho convirtiéndose asesino sin control, planificando su venganza matando a la escogida por su parecida apariencia en la forma de peinarse tanto su exnovia como su madre.

Gaspar presenta doble personalidad cambiando rápido la apariencia, al entrar Gaspar en el juego astuto convencer a la mujer escogida para su venganza las llevaría a lugares solitarios; dónde nadie le viera cometer el asesinato de su venganza, en algunos casos las asfixiaría, y en peor de los casos las mataría con artefacto pulsante hasta dejarlas sin vida, todo eso lo tiene en mente planificado.

CAPÍTULO II

El psicópata ante la víctima

Esta primera mujer que estudio en la universidad lo conoció a Gaspar fuera del establecimiento cuando Gaspar al verla comienza a perseguirla con galanterías y mucha insistencia en reiteradas veces como su admirador, ésta vez aprovechándose de su galantería ante ella para invitándola a pasar un rato compartiendo en un café muy cerca de la universidad.

Contándole a Bertha Smith que él también fue estudiante, y quiere departir experiencias hablando con ella sobre ese tema, mientras ella confiada está pensando que es gran persona dejándose llevar por sus apariencias y su labia hasta convencerla, luego de un tiempo ambos terminan siendo novios, hasta que Gaspar encontró esa oportunidad de poder convidarla a dar un paseo campestre.

Y entre galanteo y su manera de persuadir entró de acuerdo con ella hasta que al final acepta, luego llevándola a ese bosque que escogió para su cometido logra tenerla entre sus brazos y besarla hasta tenerla acorralada, luego procediendo Gaspar sacando de su mochila su afilada navaja empujada hacía atrás la joven para luego introducirle el elemento punzante en su corazón; y como consecuencia la joven cae sin vida al suelo ensangrentada, mientras Gaspar huye satisfecho sin precedente quitándose su ropa ensangrentada y solo quedarse con una que lleva por dentro como precaución, cuidándose de no dejar rastros de sangre por el acto ocurrido.

Gaspar tiene mucha precaución que al enterrarla debajo árboles su víctima cavaba previamente fosas para ejecutar su delito consumado, y luego ponerle placas de piedras y más arriba su ropa ensangrentada; seguidamente echándole encima tierra y una vez cometido el delito se marchaba con aires de satisfacción su delirio de venganza pensando que nadie lo va a descubrir.

Por otra parte, familiares se mantienen preocupados por tantos días desaparecida la joven, y al no tener noticias de ella toman la iniciativa denunciar el caso a las autoridades del Ministerio Público la situación, quedando sentada la denuncia toman el caso para proceder buscarla con el nombre de Bertha Smith en encontrarla.

Desde luego su manera de actuar desquiciada tiene muchas formas de su modus operandi Gaspar, cambiando su apariencia de vez en cuando, algunas veces con bigotes, barba larga más boina negra; que lo caracterizaba interesante, otras veces se viste de rapero con los cabellos largos, ropa casual, sobreros negro, y anillos extravagantes y así poder cambiar su estilo, y su apariencia evitando ser sospechoso por si alguien lo viera, las autoridades tienen conocimiento del perfil de estos delincuentes, pero es la manera de vivir este asesino.

Gaspar ensaya ante el espejo con su atuendo escogido y se siente muy satisfecho salir buscando la próxima víctima. En esta ocasión Gaspar ensaya la manera de caminar del rapero; sus atuendos característicos, hasta hacerlo a la perfección, de tal forma que llegó el día en que vio a una joven con las características de la ex novia asociando la forma como se peinaba ella con la raya del medio y cabellos largos que se emocionó.

En Gaspar su obsesionado delirio de vengarse es demasiado fuerte que la persiguió persuadiéndola con el pretexto de haberla conocido antes, la joven ingenua le llamó la atención su manera de vestirse como rapero siguiéndole la corriente de su lenguaje, pero al pasar varios días y largas horas de conversación logra conquistarla, esta vez Vilma es la presa de Gaspar.

Luego de tantos días de conversación y confianza con Vilma de amistad se hace pasar por estar enamorado de ella, una joven de veinticinco años con las características que busca Gaspar peinarse con la raya del medio y de rostro bien parecido, de cabellos largos, la joven muy bonita es una empleada del supermercado donde solía ir en las tardes Gaspar buscarla.

De modo que Gaspar logró convencerla a dar el famoso paseo para consolidar su amor por ella en un bosque, aquí Vilma sintió deseos de complacerlo porque ya lo estaba aceptando como prometido, pero Gaspar con mucha astucia y con excusa de estar solos le convence darle su supuesto amor en privado a ella, donde le acepta.

Llevándola al paseo del bosque sin ni siquiera sospechar ella lo que le esperaba, en la medida que pasaba el tiempo caminando ese bosque, Gaspar se trasforma como un espectro impresionante y una actitud diferente con mirada de odio con la inocente joven que la joven entró en pánico .al querer saltarse.

El asesino Gaspar llevaba en su bolso negro elementos para delinquir con mucho recelo que ella no se diera cuenta, y de esa manera procede sacar primero adhesivo para taparle la boca a Vilma y luego asfixiarla, la joven entre sus pataleos de defenderse le termina aniquilando con la afilada navaja introduciéndole a la joven a su corazón hasta dejarla sin vida.

Entre tantos asesinatos ya la ciudad se puso en alerta llevando cada caso de denuncias respectivas al organismo competente; llevando pancartas grupo de vecinos a familiares de las víctimas, la policía toma las denuncias.

Por hipótesis sospechan que puede ser la obra de un homicida, por no saber exactamente como han fallecido tantas jóvenes seguidas; y con la duda de no saber la procedencia, se van preparando para tomar decisiones porque por ahora hipótesis para las autoridades que varias son asesinadas, y muchos meses sin saber rastros de ella, cosa que daba pie ser un enigma.

Toman decisiones para hacer las averiguaciones de cómo solucionar, decidiendo por último asignar un buen detective de larga trayectoria por sus experiencias y buen trabajo detectivesco el Ministerio Público, llamando por teléfono de inmediato al Detective reconocido Orlando Raymond quién acepto de inmediato la proposición tomar el caso de las investigaciones.

Como primera medida para el detective es averiguar quiénes son las amigas cercanas de cada de las víctimas, además saber los supuestos pretendientes que las frecuentaban, para luego averiguar la última salida que tuvieron cada una de ellas al salir de sus casas, quienes las vieron por última vez, y así las pesquisas pueden dar resultados.

En su primer intento de averiguación, Orlando el Detective se dirige a la Universidad dónde estudia una de las víctimas, solo averiguar, es natural que probablemente nadie quiere comprometerse colabore en darle las pistas, pero el Detective sabe que alguna de su amiga tiene que haberle comentado de sus andanzas del supuesto enamorado, y si no colaboran serán declaradas unas sospechosas, una buena manera de forzar que colaboren.

CAPÍTULO III

Las primeras hipótesis y acciones del detective

El Detective Orlando siente que va encontrar alguna pista donde ubicar evidencias, y mantiene con la adrenalina alta, además los móviles que llevaron a cabo esas muertes, se decía Orlando que por en el momentos son como hipótesis, porque solo existen sospechas que lo más probable estén asesinadas, y para esto hay que averiguar entre sus amistades cuál será el modus operandi de cualquier posible sospechoso.

El detective empezó relacionándose todos días con jóvenes de todas las universidades observando a persona que transitaban en sus alrededores y sus andanzas; porque el supuesto asesino debe estar cerca, le decía constantemente Orlando el Detective a colegas y fiscales cuando llegaba a su oficina.

Es decir, Orlando tiene sospecha que estos sujetos siempre se cubren su apariencia, y toca saber pista de su fisonomía, su paradero y para esto amerita tener una cacería constante entre los lugares concurridos para encontrar sospechosos, no le era fácil pero tampoco imposible. Por otro lado, Gaspar con su apariencia de bien parecido, persuasivo al tratar a las jóvenes hablándole ¡quién lo va a sospechar!, pero para el Detective Orlando no había nada imposible; porque entre cielo y tierra no hay nada oculto, muy audaz y listo.

Al dar los pasos necesarios para hacerle la primera entrevista a la amiga de las víctimas, luciendo siempre optimista en estudiar las estrategias del supuesto agresor, el detective Orando Raymond tiene un compromiso muy grande que lo primero que hizo fue irse a la salida de la universidad; buscando le suministren las primeras señales de la estudiante; y víctima Bertha Smith, preguntando a la compañeras de clase ¿quién es su amiga más cercana? siguió varios pasos y abordó otra estudiante dirigiéndole la palabras con la misma pregunta.

Haciéndole ver a esa compañera que tiene interés le ayude a encontrar pistas informativas que le permitan encontrar al supuesto asesino o responsable de la desaparición de Bertha Smith, de manera que la joven escuchó atentamente al señor hablarle y seguidamente le pregunta cuál es su función para responderle.

El Detective Orlando se identifica ante la joven mostrándole a la joven su credencial de Detective del Ministerio Público, la joven comprendió la situación y de inmediato le colabora dándole la poca información que sabe con la salvedad que Bertha Smith no es amiga directa, pero si le podía colaborar de alguna manera si le dice que pasa con ella, dando por hecho que le va a colaborar.

Entonces el detective le formuló otra pregunta:

—¿Y quién crees que de tus compañeras pueda decir algo más sobre ella? La joven se sintió nerviosa queriendo ayudar, pero sólo dio el nombre de Susana con quién andaba frecuentemente con ella.

Al siguiente día el detective al dirigirse al despacho, lo primero que hizo es prender su tabaco drenando un poco lo que debía hacer concerniente a la joven Susana; en que horas más tarde él conocerá, y se prepara por saber que abordar un tema tan delicado a una joven sin conocerle no le va ser muy fácil.

Todo esto comentaba con sus compañeros de trabajo del Ministerio Público Orlando, manifestándoles que muchas veces ellas evaden para no estar involucradas en temas como éste; y es de allí donde radica su trabajo de Detective, y dónde debe ser prudente e infundir confianza a la joven. Ya tiene experiencia y para este caso tiene el día, hora y el lugar, además disposición, y optimismo en rápido las víctimas desaparecidas

No obstante, a toda esta situación que tiene que enfrentar ameritaba prepararse ser persuasivo y delicado al abordar el tema con la joven, comentándole Orlando a sus colegas antes de salir a la Universidad, de modo que al pasar el tiempo él decide salir a la Universidad en busca de aquella joven llamada Susana, una vez sale de su despacho aborda su auto y tomando su tiempo para llegar justo cuando ellas salen del aula a sus casas.

Estaciona Orlando justo cerca de un kiosco dónde venden bebidas preguntándole al señor del kiosco si por casualidad dentro sus clientes que frecuentan le conoce a Susana Rivas, respondiéndole de no conocerla exactamente por sus nombres, pero le podría colaborar con las que se acerquen a la hora de salida de sus aulas.

De manera que ya Orlando el detective ve acercarse algunas jóvenes a comprar en el kiosco; y mira de reojo al kiosquero en señal que le ayude a encontrar esta joven, pero el kiosquero se preguntaba entre sí, ¿cuál es el interés de este señor saber quién es Susana? después de unos minutos le hace señal el kiosquero que se acerque para hacerle una pregunta, una vez se acerca Orlando pregunta

— ¿Señor cuál es su interés de esa joven?

Respondiéndole éste, que es un asunto judicial y le saca su credencial que lo acredita como Detective privado.

Y prosigue diciéndole; necesito me colabore porque la joven puede dar pista que le ayudarán esclarecer la averiguación de un asesinato como hipótesis de su compañera desaparecida

— ¡Ah! Entiendo señor Detective; dice el kiosquero, colaboraré preguntándole a la primera joven que llegue al quiosco, a modo de broma el kiosquero ve acercar a una joven y preguntándole.

— ¿Quién de ustedes se llama Susana? las jóvenes sonríen y le dicen.

—Ella es la que tiene el cintillo negro ¡ya se la busco amigo! Enseguida el Detective escuchó y procede acercarse a ella con mucha delicadeza, sutileza, y mucho tino, diciéndole a Susana que le permitiera presentarse.

Luego de darle el saludo dándole la mano se presenta con su nombre presentándole de su carnet que lo acreditaba como Detective privado, y prosigue diciéndole que su visita a esta Universidad es ayudar a la familia de la joven llamada Berta Smith; quién desapareció hace varios meses y presumimos que esté asesinada, y busco la persona con quién habló sus últimos días, además buscar pistas de la persona con quién ella frecuentó.

— Me dijeron que tú eres la más allegada y puedes colaborarme, ese instante Susana sorprendida se le han salido lágrimas, diciéndole a Orlando.

— ¿Y cómo puedo colaborarle Detective?

— Y además con la desconfianza que tengo quien me asegura ser usted es Detective del Ministerio.

Inmediatamente Orlando sacó nuevamente para mostrarle su credencial,

— Soy un inspector de investigación y necesito me ayudes saber quién de sus amigos o alguna pareja le conociste a Bertha, ya te mostré mi credencial.

Aquella conversación fue amena entre ambos; que llegaron al punto clave donde le revela que su gran amiga Berta le contaba que había un joven que le llamaba la atención por su manera de hablar, llamándola en varias ocasiones para invitarla a salir, yo tuve la oportunidad de conocer a esa persona, lucía muy atractivo, pero él no estudia en esta universidad.

— ¿Me puedes describir más este joven Susana?

Empezó recordarse ese último día que la vio con él, relatándole su apariencia.

— Le puedo decir que luce tener una edad cronológica un poco más de veintiséis años de edad, tez blanca, ojos cafés, mediano de estatura, y una mirada extraviada como extrovertido.

Luego Orlando saca su agenda tomando nota de todo lo que estaba aportando la joven Susana.

Agradeciéndole Orlando por tan importante colaboración y tan valiosa información, pero necesito de su número telefónico; por si lo llegara a necesitar, y aconsejándole se cuidara porque el sujeto agresor

Gaspar anda suelto produciendo una amenaza para la sociedad y se nos hace difícil apresarlo por no saber sus estrategias, se presume que cambia de apariencia posiblemente.

Una mañana muy temprano Gaspar decide buscar la próxima víctima de esas características, dispuesto él a cometer su próxima venganza; vestido esta vez de galán de lentes oscuros, boina negra, paseándose por los alrededores de otra universidad, buscándole conversación a la primera víctima que encuentre, escapándose una que él vio con esas características

—- ¡esa mujer hoy será mi víctima! Se dijo, pero la joven se metió a un establecimiento perdiéndola de vista el asesino Gaspar, viéndola que no salía prefirió esperar por un tiempo sentado en una banqueta.

Al salir la divisó y dirigiéndose con mucha astucia pensando cómo le haría para entablar su primera conversación, y se le ocurrió hacerse pasar por su pretendiente hablándole con mucha labia que le agradara al oído a la joven. A tanta insistencia efectiva de Gaspar logra que le aceptara su invitación a tomar una bebida, que momentos más tarde dio lugar en preguntarle a la joven le diera su primero su nombre, respondiendo ésta que su nombre es Victoria.

La joven le atrajo su apariencia y su modo de conversarle que accedió a la invitación de Gaspar, convidándola más tarde con cierta engañifa a dar una vuelta, y sin la más mínima precaución de ver que su carro no tiene placas, pero igual la joven se subió al auto del desconocido accediendo ir al cine. Todo hasta ahí estaba bien; pero de un momento a otro Gaspar repentinamente desvió el camino aprovechando salir del autocine a un lugar desconocido donde empieza seducirla.

Aquí cabe destacar que al distraerla acariciaba suavemente sus manos a la joven para darle confianza, Gaspar seguía rodando por el camino para llevar la joven finalmente al lugar escogido y solitario del bosque, besándola hasta tenerla bien acorralada y entre sus brazos, Gaspar la galantea a la joven diciéndole estar muy linda y le necesitaba dar besos que nadie los viera.

Ya estaba asustada buscando salir del carro, pero ya era tarde porque Gaspar ya la tiene capturada para que no se escapara, inmediatamente le tapa su boca con cinta adhesiva; amordazándola. Seguidamente empezó Gaspar a darle golpes por la cabeza hasta desmayarla, cuando ya tenía todo controlado, su rostro de Gaspar empezó a desfigurarse como un peligroso y salvaje agresor.

Tiró la boina y lentes al suelo, y le dio tres puñaladas cerca al pecho hasta dejar a la joven sin vida; quién sangrando cayó al suelo y él reía con burla saciando su venganza enfermiza. Diciendo finalmente

— Me siento feliz vengarme de mujeres que me recuerden haberme hecho un desgraciado.

Para Gaspar es un alivio matar a mujeres que le recordaban su madre y su exnovia la que lo desafío; porque sus instintos son más fuertes que él, y de esa manera lograba su venganza, pero en el fondo es un psicópata empedernido. Gaspar se limpia las manos con alcohol se quita ropa de manchas de sangre y se deja otra debajo como siempre.

Horas más tarde se dirige a su escondite a descansar y comer algo por su fatiga, para nuevamente pensar que otra apariencia puede hacer para despistar a las autoridades que lo buscan; o cualquier testigo que lo haya visto. Estas señales de cambiar de apariencia lo hacen sentir un hombre nuevo empezando otra ronda para delinquir la intención de saciar sus instintos criminales.

Teniendo en cuanta que por otro lado en la ciudad se escucha rumores de otras víctimas desaparecidas, donde la situación de la comunidad se torna cada vez más tensa, sienten acoso del fugitivo criminal; que no les quedó más remedio unirse todos en protestar a las afueras del Ministerio Público en que la prensa estuvo presente.

Son esos los precisos momentos en que la fiscalía se pronuncia para acelerar investigaciones de este caso en particular, asignando el cargo al famoso Detective Orlando Raymond, mayor de edad y de amplia trayectoria en el campo detectivesco, para el Detective Orlando su trabajo se convierte en retos impresionante que decidió pedir refuerzo a la policía.

En esta oportunidad Orlando solicitó bajo autorización del Ministerio Público con agentes policiales para recorrer toda la ciudad con redadas las veinticuatro horas por todas adyacencias dónde haya algún indicio de personas sospechosas.

Sin duda que para el Detective Orlando es un reto grande, porque las desaparecidas pueden estar muertas; y puede haber más; sino se para este fenómeno

Y su hipótesis es de encontrar el culpable a como diera lugar, ya son más de tres horas requisando para encontrar algún sospechoso que pasa, deteniéndolo para requisarlo y que finalmente observan alguien con esas características que le había descrito la joven Susana en su declaración, la primera pista que el detective lo pone en jaque para resolver.

Sus expectativas de Orlando son cada vez más interesantes por subirle la adrenalina despertando agudeza, descubriendo en él audacia.

Pudiendo Orlando entrar ahora a las acciones inmediatas para cumplir lo encomendado sin escatimar esfuerzos de muchos días de búsqueda, pero con la prisa se le ocurre abordar personas con la finalidad de ver de cerca a cada abordado y escuchar la tal voz de labia del candidato que aborde. Al ver alguien parecido de las características se le acerca y le dice

— ¿Conoces el camino más corto para llegar a una estación?

Y esto lo hacía para ver de cerca por las características que dio la testigo Susana.

Luego el Detective ve alguien de esas características a una distancia, y camina pasos agigantados para alcanzarlo; pero se le perdió de vista y quedó a la espera de volver a verlo, pero con suerte porque lo vio nuevamente dirigirse al encuentro con una mujer un poco mayor que él, al parecer son pareja o quizá amigos; entrando como enamorados ambos al establecimiento público; a tomarse unas cervezas, mientras agentes policiales rondan viendo quién más con esas características.

Para el detective Orlando es como cazar conejos en medio de un rebaño; porque podría ser muy hábil al que buscan, pero caería tarde o temprano, así que aplicó alerta en aquel sector divulgado sacar un retrato hablado y seguir adelantando la investigación.

La estrategia de Orlando es que en esta ocasión lo del rostro hablado siempre dará buenos resultados como la estrategia; para quién lo pueda ver; o encontrar infraganti, como también para que las jóvenes tuvieran el mayor cuidado de evitar caer en peligro; porque para el detective es de sumo cuidado que el agresor no se evada de la justicia y tomar todas las medidas para detenerlo y fuese entregado a la justicia.

Después de días de intentos de búsqueda los agentes encontraron a un sujeto con esas características, o al menos un posible sospechoso como el que estaban buscando, pero como primera medida es pedir la documentación, que lo investiguen en saber si tiene antecedentes penales; pero aun así cabía la duda que de esa manera sin tener el nombre del asesino no se avanzaría nada.

Y de manera natural Orlando toma la brillante decisión de encontrar los posibles cadáveres para proceder a la experticia respectiva y encontrar el nombre por medio del ADN y para eso hay que hacer un trabajo de varios días en los posibles bosques solitarios donde se presume que el asesino las oculte.

En consecuencia, avanzaría la investigación del caso con la experticia que los forenses adelantándolo en el laboratorio; dando en definitiva la identidad de los posibles cadáveres hallados, y más allá; es hallar con la exactitud el posible asesino una vez que lo capturen en el momento indicado.

Por tal motivo a la situación se vivía en alerta toda la ciudad por el azote de ese individuo criminal que no tenía cara por no saber su identidad, pero lo que si es cierto es que la comunidad tiene un grado de cuota de responsabilidad, que puedan colaborar con el sospechoso y denunciar.

CAPÍTULO IV

La investigación que hizo estremecer al detective

Al siguiente día como de costumbre Orlando agenda en su despacho los pasos que seguirá conjuntamente con todos los agentes designados para la tarea asignada de la búsqueda del posible asesino. Lo que el Detective Orlando aún no sabe; es su modo operandi de este sujeto, pero presumía que en estos casos los agresores nunca se visten de la misma manera.

No es suficiente esa hipótesis que cambie su apariencia, dice Orlando a sus colaboradores, esos delincuentes se esconden como las ratas, y para adelantar algunas pesquisas el Detective decide ordenar a sus colaboradores que persona que vieran con la cara camuflada, llámese gorras, lentes oscuros lo revisen, si tiene cosas punzantes peor para que lo investiguen.

Nunca se sabe cómo se disfrazan; para ocultar su identidad, pueden tener bigotes, gorras y la regla es tomarles foto observando su real apariencia del ciudadano, siempre haciéndole la fotografía con el antes y el después, el Detective sugiere que de importancia hay que tomar en cuenta no estar uniformados todos los agentes policiales, y más bien ir algunos en puntos estratégicos uniformados para no llamar la atención.

Recomendaba el Detective andar desapercibido para no despertarle la sospecha que se le está buscando a ese fugitivo "finalmente una buena estrategia" de esa manera los agentes policiales siguen instrucciones y posibilidades de encontrarlo en plazas públicas, y desplazarse en otros lugares según se fuera desenvolviendo el operativo y saliera todo exitoso.

Los colaboradores mantienen un radio portátil digital XTS 1500 para comunicarse en caso necesario de lo esperado con el detective Orlando en algún posible sospechoso, aquello era incómodo, porque muchos se revelaban por no despojarse de esos camuflajes.

De manera que la redada es cada vez fuerte que los paran en una esquina cada sospechoso, mostrándole su credencial para que ellos colaboren, y Orlando el Detective les orienta que aquellos que traten de revelarse con más razón los envíen a la comandancia; porque al revelarse es un indicio que podría estar en la raya roja de sospechosos, y de esta misma manera por la radio le avisen para hacer su trabajo.

De todos los que revisaron abordan a un sospechoso para revisarlo y comunicarle al detective posible sospechoso con esas características, luego toman nota de su identidad, resultando en definitiva solo ser una sorpresa para los agentes porque lo que le encontraron fue un cuaderno de una lista larga de personas, un lápiz y su celular, que risa.

Sin embargo; para todos es solo sospechoso y deben seguir buscando debajo de piedras si era posible; les decía Orlando, en consecuencia, agentes ese día tuvieron más de treinta personas como sospechosos, pero la gran mayoría no portaba arma ni objetos contundentes, nada que se le parezca, evidenciando que la gran mayoría de jóvenes visten de esa manera.

Al siguiente día Orlando tomó la decisión buscar más estrategias que lo conduzcan esclarecer la investigación del caso, y la primera opción fue buscar en bosques solitarios y lugares públicos; porque para Orlando es impredecible saber cuáles son los días de más movimiento en la ciudad; y para eso convocará sus colaboradores lo lleven a cabo; a sabiendas que éste sujeto es amenaza para delinquir, ya las pesquisas están cerca.

En medio de incertidumbre de no hallar al posible asesino, Orlando logró convocarlos poniéndose de acuerdo con todos para reunirse el siguiente día a su despacho el definitivo operativo.

Y ya decidido Orlando solicita como medida cautelar la colaboración donde les facilitan médicos forenses, antropólogos que descubren en cadáver lo que se necesita para esta investigación, siempre confiando que ellos tienen sus técnicas; pero esta vez quiere llevarlo por el olfato de un perro Pastor Alemán.

Para el detective Orlando es vital llevar ese operativo lo antes posible para averiguaciones, haciéndoselo saber al inspector del Cuerpo de Investigación y Criminalística con un comunicado hecho desde su despacho, de modo que no tardaron en responderle; que en tres días respondieron el derecho de su petición.

De modo que ya tiene todo calculado para formar la logística con los integrantes que componen el operativo el Detective Orlando.

Las movilizaciones técnicas están calculadas porque ellos son los peritos que darán los informe para armar el expediente como primera medida; de cada una de las posibles víctimas, confiando Orlando que esta vez se descubrirá por huellas dactilares los posibles sospechosos del resultado en el ADN.

Es decir, el perro entrenado para este operativo; es clave del hallazgo de los responsables de estas jóvenes desaparecidas, además el objetivo de su investigación del Detective es precisamente eso; que por suposiciones él sabe que los asesinos desaparecen el cuerpo del delito, creyendo que nunca los van a descubrir, pero la intuición de Orlando es cada vez es más fuerte.

Y por otro lado le es interesante recabar todos los datos genéticos con el ADN del posible asesino cuando el perro detecte olor de cadáveres, Orlando el detective se siente satisfecho por ser cada vez más optimista encontrar la posible evidencia del homicida perpetrado por el criminal fantasma; además es en serie sus crímenes, pero cada vez más optimista por la sencilla razón que para él no es imposible tener sus experiencias y sus previos estudios detectivescos.

Al siguiente día con entusiasmo y optimistas se dieron cita para reunirse temprano conjuntamente con sus colaboradores agentes de la policía en el despacho del Detective, además está presente el Oficial encargado de movilizar el perro Pastor Alemán y por supuesto el médico forense; y Orlando quién se mantiene con su adrenalina alta por salir adelante con la investigación, así que salieron a ese operativo todos animados manifestándoles que trabajar en equipo todo hace posible los buenos resultados, y diciéndole lo siguiente a sus colaboradores esto.

— Cada uno de todos nosotros ponemos un granito de arena haciendo posible lo imposible, ustedes como autoridades policiales, y yo como investigador.

— Y el perro Pastor Alemán en su pesquisa, y de esa manera seremos — Invencibles en avanzar en la meta.

El enfoque del Detective Orlando en repetirlo es como hábito hasta convencerse con aquella seguridad sacer el caso investigativo; esta vez actuando con toda responsabilidad teniendo en cuenta el Detective que la actitud es la base de todas las soluciones, así que preparados todos salen en combo al bosque en compañía del forense, fotógrafos, el perro Pastor Alemán con el experto oficial, el antropólogo que no puede faltar a ese operativo, y por supuesto él como el Detective.

Se destaca que esta vez se mantienen todos muy atentos y preparados observando muy de cerca cualquier eventualidad, como evidencias irregularidad de cualquier sospecha, manteniéndose atentos con la ayuda del Perro Pastor Alemán, Orlando el Detective recomienda que la tarea podría llevarlos muchos días, y cuidado que, hasta meses, así que recomienda a todos mucha paciencia, la gran misión que tenemos.

Hay que tener en cuenta que el conductor que trasladaba al Detective y demás tripulantes aun saliendo temprano les tomó cinco horas llegar al bosque, comenzando del sur hasta el norte en lugares retirados; donde se presume que el posible asesino pueda haber dejado sus crímenes en esa zona, luego llegar al primer bosque Orlando y su equipo se tomaron su tiempo recorriendo conjuntamente con aquel perro entrenado por el Oficial con mucha paciencia.

Luego de soltar al perro en ciertas zonas, resultó desesperarse oliendo por ciertas partes del bosque desierto, y que a cierta distancia buscaba con su instinto animal buscar una presa, y era tanta la velocidad del perro en recorrer aquel bosque que al cabo de tres horas le dan un descanso sin darle alimento.

Por otro lado, los oficiales del operativo de las otras ciudades detienen patrullas en cada establecimiento para encontrar algún sospechoso siguiendo instrucciones del alto mando del inspector policial. Y estar atentos en comunicarse por la radio digital con Orlando, en todo caso si detienen algunos está autorizados enviarlos para la revisión de huellas y antecedentes penales.

.

Es trabajo del Detective es seguir constantemente investigando bajo hipótesis infundadas que no son del todo fidedigna; pero si acertadas algunas por experiencias adquiridas y otras estudiadas para poder lograrlo, lo que sí está seguro es que están cada vez más cerca la posible pista en detectar ADN del asesino.

Mientras que Gaspar el asesino estaba cada día buscando su próxima víctima, y esta vez se mantiene muy escondido en el pueblo de pocos habitantes para no levantar las sospechas, y cada dos meses se mudaba de un lugar a otro, es una ermitaña solo sale con mucho cuidado de noche a buscar sus alimentos, y durante el día trabaja haciéndoles arreglos de cauchos a las caucheras muy escondido.

Cada vez las esperanzas de los familiares son más lejanas que se sienten desesperados, y por la alerta salen a protestar a las afueras del Ministerio Público asistiendo esta vez la prensa, la televisión, vecinos con muchos gritos, pancartas, y pitando desde sus autos; exigiendo investigar rápido y encontrar a sus familiares desaparecidas.

Sin embargo, los funcionarios a las afueras salen del Ministerio Público muy preocupados para animarlos que mantengan en calma por estar trabajando sobre el caso que ya está adelantado, necesitando todos mucha paciencia para darles esa noticia tan esperada. No obstante, a esa situación abominable la seguridad del estado Federal se mantiene atenta inspeccionando zonas donde jóvenes mantienen en expectativa a cada persona que veían camuflada-

Una mañana como es de esperarse resultó efectiva el retrato hablado del posible agresor, y de manera natural se le acerca una señora al oficial de seguridad comunicándole haber visto una persona con esas cualidades y las características; y quiere aportar la denuncia haberlo visto trabajado en una cauchera arreglando cauchos de bicicletas. Tomando en cuenta la denuncia le escuchó con mucha atención el oficial que amablemente le proporciona la señora, y en ese orden de ideas le colaboró con darle la dirección de la cauchera donde trabaja el sospechoso tomando nota de inmediato al Oficial.

Por consiguiente, que los Oficiales activan un operativo de inmediato con la dirección suministrada de la denuncia de la señora, acto seguido; el operativo activado en horas de la mañana; con filas de varias patrullas más las sirenas por la alerta, pero con la mala suerte que Gaspar había salido muy temprano por haberse retirado de esa cauchera, dicho por el dueño de la cauchera.

Sin embargo, lo interrogaron al dueño de la cauchera preguntando por el nombre del joven que trabaja como su empleado arreglando cauchos, contestándole de manera sorpresiva el dueño del negocio.

— ¿A qué se debe esta interrogación seor agente?, ya el empleado esta mañana se retiró, de modo que les explicaron la razón de la búsqueda de ese sujeto,

— ¿Y cómo se llama ese empleado?

— Se llama Juan

— ¿Usted le vio su identidad?

— No precisamente, porque Juan me comunicó que estaría temporal

—Señor agente no lo consideré muy necesario pedirle la documentación, y como comprenderán no les puedo ahora colaborar porque ya no trabaja con nosotros.

Conclusión, los Oficiales ya se retiran del lugar decidiendo hacer la cacería en las caucheras de otras localidades de la ciudad, y en esta oportunidad no alarmar patrullas porque podría huir de inmediato, de tal modo que tomaron otras tácticas de cacería para garantizar mejor resultado de búsqueda en esa ciudad, siendo prioridad poder atraparlo cuanto antes; por la alarma impresionante de varios casos de jóvenes desaparecidas

Por otro lado, se tomaron varios meses en la búsqueda por esos bosques que esta vez el perro aullaba con tanta insistencia cada vez más; y desde luego sienten que el perro está dando resultados que se miran todos a la cara contemplando el perro escarbar, presumiendo que por ahí estarán los cadáveres, y por consiguiente el Oficial encargado del perro Pastor Alemán le hace la señal de ánimo al perro, para luego ayudarlo a sacar lo que escarbaba.

En tal sentido que el Oficial ayuda al perro a seguir escarbando hasta que observa una placa que dividía otra capa de tierra, y como está dura la placa utilizaron un pico y una pala para llegar al fondo, observando aquel Pastor Alemán que se desespera percibiendo el olor putrefacto que lo enloquecía, y finalmente se preparaban hacer la pericia de la técnica antropológicas, descubriendo finalmente el perro un cadáver.

CAPÍTULO V

La exhumación del primer cadáver

En efecto el perro Pastor Alemán hace posible descubrir el cadáver por su olfato fino y entrenado por el oficial, además cumpliendo su función lograron el objetivo, el Detective muy contento saca para sus apuntes su agenda tomando nota de todo lo desarrollado en ese operativo, Orlando sintiendo ese lugar tan deprimente y hostil le provocó fumar su tabaco para evadir el mal olor, y como resultado exhuman el cadáver el médico forense haciendo su trabajo de sacar las partículas de todo, como cabello entre otras cosas de evidencias.

Se destaca en esta misión que al exhumar el cadáver ellos observan ropa intacta de la víctima encontrada, además se observó también ropa de hombre ensangrentada, inmediatamente el forense y equipo hace su respectivo trabajo del análisis recogiendo cada partícula de pelo y otros elementos para la investigación de este caso del primero cadáver rescatado.

Después de días los técnicos del laboratorio al recibir los elementos forense y las investigaciones antropológicas les dan previamente los resultados del caso investigado, siendo su resultado efectivo al arrojar una joven que muere con objeto punzante por el informe detectado del médico forense, también arrojo el año en que fue asesinada del hecho punible, su edad cronológica de la joven es de veinticinco años de edad, investigación que para Orlando el Detective es detalle importante de encontrar las evidencias de esclarecimiento del caso investigado.

Posteriormente el detective Orlando hace un informe de los hechos para su oportuna investigación, y más tarde llevarlo al Ministerio Público para abrir el expediente respectivo de ese caso, mientras que el forense hace el estudio con la ropa que se encontró junto al cadáver, de igual manera proceden a revelarlo de esas hebras de cabello encontradas el resultado de detectar su ADN procedimiento de rutina que se hacen en estos casos.

Exclamando Orlando ¡Quién será ese vil asesino!, en ese orden de idea el detective Orlando suspira de alivio saber que pronto en los estudios que realicen en el laboratorio tendrán más oportunidad de ahondar más las investigaciones, todavía falta por descubrir quién es el asesino.

Que por consiguiente el ADN de la víctima nos detectará su verdadera identidad en la base de datos que arroje el sistema judicial, de manera que todo ese trabajo detectivesco saldrá a la luz en los próximos días, y que por razones obvias ya estaba adelantado uno de los tres casos de las desaparecidas.

En espera de ese informe oficial del cuerpo de investigación científica penales y criminalísticas; se darán en los próximos días el resultado de ese operativo exitoso, Orlando anexará con mucho dolor de ésta víctimas encontradas, además orgulloso de su trabajo detectivesco al expediente del Ministerio Público, dando lo mejor de su trabajo por el esclarecimiento del tan sonado caso que nos rebelarán más resultados impactantes.

El Detective Orlando cada vez más le sube la adrenalina continuando en la búsqueda de víctimas, que en total son tres las desaparecidas. De modo que para un buen detective hay hipótesis que jamás le fallarán; porque los crímenes nunca son perfectos, jamás puede existir crimen perfecto, lo que existen son las investigaciones imperfectas.

Orlando muy contento entregando informe de esos resultados que arrojaron en el laboratorio competente, bajo la dirección del trabajo excelente del forense con técnicas de la expertica realizada con éxito conjuntamente bajo la hipótesis certera del Detective Orlando, quién afirma que ésta buena hipótesis le dio confianza de no fallarle.

El siguiente resultado del forense que arroja el laboratorio es notificado a todos los organismos competentes del Ministerio Público consignando el ADN, detectado es esta investigación fidedigna el victimario como el ciudadano Gaspar Harris de aproximadamente veintisiete años de edad, y la víctima Bertha Smith.

Orlando hace del conocimiento en su expediente que se firmaron, y sellaron estos correspondientes informes como el caso cerrado en la víctima encontrada. Considerando en esta oportunidad que el Detective Orlando haya hecho un buen trabajo detectivesco, a sabiendas con todo lo implicado en el operativo llegar a este resultado de la investigación a tantas circunstancias adversas que finalmente le dio resultado a pesar de ser muy complejas,

El Ministerio Público abre un espacio a la labor del Detective Orlando para agradecerle y felicitarlo por su labor, a pesar que todavía tiene que seguir trabajando atando muchos cabos sueltos, y es de ahí en que Orlando ante esta realidad tan triste del azote en la ciudad con asesinatos de tantas jóvenes indefensas; da por hecho no rendirse para esclarecer todos los casos del resto de jóvenes.

Y su investigación no termina hasta cuando se encuentre el autor de esta desgracia, además será apresado cuanto antes En consecuencia a esto, el Ministerio Público no le queda más remedio que darle ánimo a Orlando el Detective; y agradeciendo el reconocimiento que le otorgan con una insignia se dirige a su despacho a pensar la próxima coartada que tiene de tarea en buscar el asesino.

Luego Orlando se queda un rato pensativo procediendo a encender su tabaco como de costumbre en expirarlo con globitos hacia arriba para drenar su satisfacción del caso cerrado de esta primera víctima encontrada y las ganas que le produce de encontrar al asesino de una vez por toda.

Y diciendo:

— Lo más importante es que ya sabemos el nombre Gaspar.

Posteriormente por la radio se comunica el Detective con los guardias Oficiales uniformados y el FBI para abordar el tema del agresor.

Todos los Oficiales atentos escuchan a Orlando por ya tener el nombre oficial del agresor ya identificado, y que de manera entusiasta a su trabajo le celebran con aplausos por la buena noticia de Orlando.

Los Oficiales aprovechan esta convocatoria hacerle del conocimiento la posible captura que por aquellas circunstancias tan controversiales se les escapó; y cómo se desenvolvió llegando a la cauchera por la denuncia de la señora, al dueño del negocio se le preguntó y nos dio la mala noticia que se había retirado hacía unos días, ellos le relatan todo el operativo a Orlando para su conocimiento que el agresor se cambia de cauchera para despistar.

En consecuencia, a lo dicho antes; sobre esa comunicación con el Oficial, Orlando aprovecha a convocarlos a todos para el siguiente día reunirse al despacho para darles los últimos informes y pesquisas ya adelantadas, y así poder atrapar al verdadero homicida, mientras ellos captan orden del siguiente día para enterarse de los últimos acontecimientos,

Por otro lado, Gaspar camina todo el día por las calles para encontrar nuevo trabajo y seguir sosteniéndose para subsistir en alimentarse y que pudiera proporcionarle algo de dinero, y por consiguiente es lo único en que se desenvuelve, y en esa búsqueda del oficio de las caucheras; divisa una cauchera interesándose por estar lejana a otra ciudad, presentándose de inmediato con nombre falso, por ser muy carismático y tener una buena labia le dan el trabajo. Inmediatamente.

Al cabo de meses Gaspar suele calcular el tiempo para continuar su vida y buscar un refugio donde esconderse; y no caer en las garras de la policía, además Gaspar es una persona introvertida que no habla con nadie, no tiene amigos ni confidente a quien contar su desgraciada vida, sólo mira a las personas de lejos y de reojo casi esquivo, de manera que les arreglaba sus ruedas a las bicicletas-

Y el dueño cobraba a los clientes para después dárselo a Gaspar los fines de semana, ahora bien, con relación a la cita de Orlando con los Oficiales se efectúa temprano y de manera oficial les da la primicia de la noticia a los Oficiales; que les cayó como una bomba de tiempo, mirándose las caras todos los Oficiales, decidiendo Orlando ventilar la conversación delicada a puerta cerrada para mantener discreción en esta oportunidad.

Orlando les brindó café a todos, él con su café y por supuesto su tabaco de su preferencia olor a chocolate traído de la Habana, y seguidamente plantea comunicarles confidencialmente la historia del operativo. Les contaba que fue un éxito, algo me hacía sospechar que los asesinos suelen dejar víctimas en lugares solitarios y no dejar ninguna evidencia, y finalmente son descubiertos.

Pero esta vez el asesino en su estupidez dejó más que una evidencia, los oficiales se mueren de risa por su estupidez. El Detective Orlando mantiene magnifica comunicación con todos sus colaboradores, con la finalidad de animarlos y amaran su laborioso trabajo tan interesante, y aprendan cada vez más sobre mucho de las mañas de los posibles delincuentes y asesinos.

Fue así como sonreía Orlando a los Oficiales contagiándolos de alguna manera para alegrarlos, insistiéndoles que el trabajo en equipo suena más efectivo, proseguía diciéndoles con lujos y detalles haber encontrado a la víctima; justo debajo de un árbol y matorrales además les cuáles fueron sus herramientas de trabajo.

Y de allí se desprende la confianza, armonía entre la relación de Orlando y sus fieles colaboradores en esta contienda, enseguida un Oficial le hace la pregunta

— ¿Cuál fue su herramienta Detective? Orlando los mira con mucha suspicacia

— ¿En verdad quieren saber?, sí queremos aprender también Detective.

Así que Orlando lo que quiere es motivar para que aprendan ellos de sus grandes experiencias, dándoles respuesta a su charla

— "Es amar el trabajo, encontrando soluciones y nunca quejare"

Orlando siempre motiva a los Oficiales diciéndoles lo impresionado que quedó ver a un canino Pastor Alemán entrenado; y encontrar ese cadáver bajo la dirección del Oficial manteniéndolo animado para buscar la presa, y que además hizo posible la búsqueda de lo que les estoy contando, lo hago con verdadera pasión.

— Créanme compañeros que con la ayuda del forense que hace su trabajo profesional para darnos estos resultados de las evidencias se hizo posible, y estoy emocionado del éxito queridos amigos.

Por una parte, nosotros, y por otra parte como equipo damos lo mejor de nuestras experiencias, de modo que no podríamos esperar otra cosa que no fuera este éxito, por lo tanto, quiero dar merecido aplauso por su empeño y dedicación a colaborar con la sociedad y quiero se sientan también victoriosos. Fueron sus palabras del Detective.

Aquella conversación de Orlando daba pie en entusiasmarlos a todos; en ser parte de este trabajo detectivesco, porque vale siempre la pena ser invencible ante la adversidad de las duras circunstancia fructuosa; aquí amigos no se valen ser cobarde, porque mi trabajo me enseño ser valiente. Continúo dándoles una catedra a sus colaboradores.

Y para no alargar más el cuento compañeros; dejo la última tarea, buscar a Gaspar porque esta vez saben su identidad, ahora bien, ante la justicia calificado como el autor material de los asesinatos múltiples, así que manos a la obra y trabajar; ahora les dejo el trabajo sencillo de aplicarlo; y me despido para verlos en otra oportunidad, de modo que los oficiales salieron súper animados a buscar a ese asesino a como diera lugar.

A la mañana siguiente sale un sol candente y se vislumbra un día súper resplandeciente saliendo todos entusiasmados a trabajar, los Oficiales salen a posesionarse en sitios estratégicos a buscar al asesino; y esta vez estaban dispuestos a encontrarlo, porque llevaban entusiasmo y grabado su nombre en su memoria del asesino, saben que ya sabiendo el nombre se les hace más fácil.

Luego pasaron varios meses y Gaspar tiene ahorrado lo suficiente para sobrevivir, luego esconderse buscando un lugar lejano donde nadie lo pueda encontrar; porque sabe que esta vez está más cerca la posibilidad de ser apresado y pagar por tantos delitos cometidos en su obsesión de venganza.

De manera que prefiere retirarse del trabajo dando cualquier excusa, esta vez se dirigió buscar el cobro de la semana de su trabajo; con tan buena suerte que alcanzó Gaspar cobrar, una vez saliendo del establecimiento escucha muchos comentarios de clientes que buscan a un delincuente, y cuando Gaspar escucha los comentarios se apresura a pasos agigantados desapareciendo del lugar tomando un colectivo para bajarse en el lugar dónde hay menos gente transitando; pudiendo despistar las autoridades, pero su apariencia muy cínica lo hace lucir un gran señor.

CAPÍTULO VI

Trabajos temporales del psicópata

Estando en el operativo los Oficiales le pregunta al dueño del negocio.

— ¿Usted no ha tenido empleados temporales? Respondiendo pensativo

— Sí. Aproximadamente hace una hora se retiró uno de mi empleado y para serle más preciso estuvo meses teniendo por nombre creo que Marcos.

— ¡Como que cree señor, no está seguro!

— ¿Será que no lo tiene en nómina, por ser pasante?

— ¡Ah! listo, dice el Oficial, pero cuídese que se busca un diablo, y es por ese motivo que necesito de usted me colabore-

—Si vuelve por aquí a buscar trabajo nos comunica por el teléfono registrado en el panfleto.

Quedando el dueño del negocio con la boca abierta.

En esta oportunidad tienen que apresurarse a seguir buscando al asesino, aunque saben lo audaz que es; podría cambiar de trabajo, los Oficiales no descartan hacer pública la noticia ante las televisoras y redes sociales que están comenzando a funcionar muy bien; y además de pasar un informe a las caucheras.

Esta vez los Oficiales adjuntaron el retrato hablado con todas las alertas "Se busca" para los dueños de todos los negocios reportaran de inmediato a los teléfonos allí señalados en aquel panfleto diseñado, en vista de esta decisión le comunicaron al detective aquella estrategia de poder aprobarla de inmediato, por consiguiente, que el detective Orlando le pareció excelente la estrategia.

Siendo posible llevarlo a todos los establecimientos públicos; porque en algún momento se puede atrapar Gaspar en otros establecimientos como los restaurantes, discotecas donde hay mujeres solas indefensas o confiadas, los Oficiales escuchan al Detective estando consiente que a ellos les faltaba ser activos, porque un delincuente tiene estrategias y para un policía eficiente debe ser el doble de estratega, así que los Oficiales le dan mucha razón al Detective prometiéndose activar los motores de expectativas contra el fugitivo.

Mientras tanto adelantan los establecimientos públicos, los parques y todo sitio nocturno, porque se presume que el asesino busca así sus presas inmediatas, y esa sería una guarida para capturarlo infraganti con las masas en la mano como dice el proverbio, aquellos Oficiales querían encontrar al asesino lo más pronto posible para salvar a tantas mujeres posibles de ser asesinadas.

Cabe destacarse que había que tener coraje y dedicación a la misión encomendada por el Detective Orlando, una misión que lo motivó de este trabajo en servir a la sociedad como muchos quieren hacer también un mundo mejor

Como era de esperarse Gaspar tiene en mente hacer la cacería en buscar mujeres con características de su venganza, y para motivar su venganza esta vez escogió asistir al establecimiento público donde concurría mucha gente a divertirse, esta vez su apariencia era de un rockero porque sabía que las mujeres les gusta los rockero o raperos, luego camina hacia la barra y pide un trago para calentar motores para su venganza con ánimo de conquistar la presa esa noche.

Por otro lado, en el Ministerio público estaban entregando los restos de un de las víctimas encontrada por la operación rescate con el Detective Orlando. Los familiares al entregarle los restos le dan su santa sepultura de Bertha Smith joven infortunada, y en su dolor claman por justicia ante el Ministerio Público, mientras que la justicia estaba haciendo su trabajo por encontrar al asesino.

El ojo de águila de Gaspar observa un establecimiento recordando aquel desenlace de la mujer que amo y sufrió el desprecio, y eso lo enardeció de tal forma que ansioso busca desfogarse con ira, y el descontrol emocional hasta volverse un asesino. Sus ojos enrojecidos de Gaspar son notorios, pero se controla para cambiar de la mejor manera su aspecto y volverse un corderito de cara de bueno.

A pasos firmes Gaspar se va acercando a la barra viendo una dama con características que está buscando; pero la dama está acompañada con su pareja, y se siente cortado por ser imposible cortejarla; a menos que aplique una estrategia macabra acercarse de manera amigable a la pareja entrando en el juego con cualquier excusa.

Y sigue planeando la manera de poder echarle algún estupefaciente para que se durmiera la pareja de la dama; y darle la supuesta ayuda a la dama, esa es su coartada entre tragos y tragos logró acercarse, y con su labia que era de esperarse le dice a la dama que su prima viene en camino y si no le era molestia podían platicar un rato mientras viene para no sentirse sólo, ellos asombrados por su pretensión lo rechazan.

Pasaron varios minutos y ve entrar a la policía Gaspar y para disimular pide permiso a la pareja para salir al baño, de modo que Gaspar se esconde al baño pensando que a su regreso no encuentre a los agentes policiales; llevándose la sorpresa que los agentes estaban instalados por toda la noche, mientras Gaspar no le quedó más remedio que salir del establecimiento muy apresurado despertando sospechas.

De modo que al ver a ese sujeto salir del baño con una actitud extraña lo consideran un sospechoso que lo persiguen por su actitud medio nerviosa, seguidamente los agentes salen todos a darle la señal de voz de alto, mientras Gaspar se apresura a esconderse entre la gente que justo en ese preciso momento siguen disparando al aire Pop. Pop

Diciéndole los uniformados la voz de alto al sospechoso fugitivo, haciendo disparos al aire que en definitiva no pudieron alcanzarlo porque desapareció Mientras Gaspar muy de prisa trata de escaparse, y que de algún modo trata de calmarse para no entrar en las sospechas en los transeúntes.

Al siguiente día continúan las redadas los agentes policiales, porque ya están cerca de las pistas para alcanzar a capturar al sospechoso asesino Gaspar, mientras tanto siguen los agentes reportando el retrato hablado por los lugares más visibles al público de todos los establecimientos alertando a la comunidad denunciar con las pistas del retrato hablado el asesino peligroso. La pareja de la noche anterior volvió ir al establecimiento para ver ese retrato hablado con asombro, que se miraron mutuamente; diciendo la mujer a su compañero

— ¡Ese tipo que se acercó amor, tiene mucho parecido a la fotografía! —Sí, le responde, ¡que estará tramando! en todo caso nos salvamos del asesino fugitivo, pero si estar pendiente; porque son astutos y hay que estar muy cauteloso, así que los agentes quedaron convencidos que ahí es el sitio donde busca Gaspar sus víctimas y hasta parejas, y es muy posible que se valga de cualquier excusa saliéndose con su cometido.

Como consecuencia a la situación vivida de la pareja el día anterior quedaron con esa inquietud acercándose de inmediato a los agentes policiales para contarle como se le acercó ese tipo para intimidar. La pareja le relata con detalle que a partir de ese momento que entraron a pedir documentos en regla, sale con la excusa de ir al baño.

Y al sentir el rebullicio de gente quedamos impactado todos al ver lo que sucedía, pero quien se iba imaginar que ese tipo se nos acercó para hacerlos sus víctimas, después de los disparos lo primero que nos imaginamos es que el tipo tiene cuentas con la justicia, y de esa manera el agente policial les escuchó su versión para tomarlo en cuenta.

Terminando la conversación con los Oficiales inscritos se quedaron más tranquilos, viendo viable los Agentes Oficiales poder seguir en el establecimiento por mucho más rato de lo establecido donde seguían pidiendo documento a toda persona sin excepción que entrara, por no descartar que vuelva a entrar al establecimiento.

La finalidad de la justicia es esclarecer los hechos punibles, y esta no es la excepción, los agentes policiales están cansados y deciden hablar con el Detective pidiendo refuerzo para las otras localidades, porque ya no pueden más del agotamiento físico, esta vez escalando relevo entre sus compañeros para encontrar los resultados, y de sólo pensar que ese tipo es amenaza a la sociedad los motivaba más aún a seguir en la búsqueda.

De tal forma que finalmente se atreven hablarle a Orlando Detective comunicándole que ya tienen suficientes pistas donde podría circular el asesino; necesitando refuerzo, Orlando los felicitó porque ya estaban agarrando cancha en ser más hábil que el cruel asesino.

Aceptando ponerles más refuerzo Orlando y manifestándoles que al día siguiente lo tienen con toda seguridad, y los horarios hay que distribuirlo en relevo los próximos días, Orlando ocupado con sus investigaciones encontró mucho movimiento inusual en el Ministerio

Público, donde claman justicia los familiares de las otras asesinadas, esta vez quieren el cuerpo de Vilma para darle la santa sepultura.

De manera natural y calmada se dirige el Detective Orlando animando que tengan paciencia porque ya tienen adelantadas pistas donde poder encontrarlo, y lograron calmarse que se fueron a sus casas. Para Orlando no es fácil ventilar este tema tan doloroso.

Al siguiente día el Detective Orlando convoca reunirse con el equipo que en meses pasados asistió en el rescate de víctimas, para solicitarles volver hacerlo; con el respectivo perro Pastor Alemán, esta vez se ponen de acuerdo salir para el rescate de cadáveres preparándose previamente con bebidas, tapa boca, insecticidas y todo lo que pudieran llevar por tratarse que son bosques de extensos kilometrajes y de clima caliente.

Al llegar el perro se desespera por salir del carro cosa natural por su entrenamiento, al salir del auto con el perro el Oficial logró darle agua para tranquilizarlo caminando muchos kilómetros sin soltar al perro Pastor Alemán, es un trabajo de mucha paciencia y de fe en encontrar lo más rápido posible la fosa cadavérica.

Las pesquisas de encontrarlo rápido para salir de ese monte con relación al objetivo de los cadáveres son remotas, pero no imposibles, porque intuyen que son lugares escogidos por los malhechores que piensan que nadie los ve por sus árboles grandes frondosos, una vez llegaron al lugar el perro tuvo una reacción muy extraña en escarbar justo en ese árbol, por supuesto que el oficial lo ayudaba a profundizar esa fosa.

El punto es que efectivamente encuentran algo extraño de una placa de plástico justo encima donde ese perro Pastor Alemán buscaba el olor putrefacto, descubriendo finalmente ser cadáver desintegrado; y usual manía del asesino dejando ensangrentada la camiseta y pantalón, caso parecido cuando descubrieron el caso pasado de la otra víctima.

Seguidamente el médico forense toma las muestras para llevarlo al laboratorio; haciendo la prueba con el ADN de estos elementos de la ropa encontrada en lugar de los hechos, es decir Orlando se siente satisfecho poder haber culminado en encontrar el segundo cadáver.

Mientras el agente entrena al perro todos los colaboradores se sienten satisfecho haber acertado lugar donde el asesino esconde sus víctimas, y la forense hacer su buen trabajo de investigación en el laboratorio de información fidedigna donde esclarecen informe detalladamente de ambos casos, tanto de la víctima como del asesino.

Después de meses esclarecieron en el laboratorio por medio de un cabello del agresor el ADN encontrado en su ropa que coincide nombre de la primera víctima, correspondiendo todo este resultado al ciudadano Gaspar Harris el victimario, y la desafortunada víctima Vilma Pérez como la víctima, de edad aproximada veinticuatro años de edad, luego de llevar el informe ante el organismo competente.

En esta oportunidad la víctima Vilma Pérez en los informes forense le detectaron haber tenido su descenso o muerte hace dos años, ya la joven estaba descompuesta pero su ropa intacta, pudiendo detectar el ADN de los cabellos encontrados tanto el de ella, como el del agresor. Una vez teniendo estos datos como suele operar ante organismos del Estado, se hizo el respectivo informe detallado para llevarlo al Ministerio público el Detective con el expediente.

Organismo donde reposan las denuncias como respaldo del acusado y víctimas perpetrado en la ciudad de Florida, y que de esta manera allí se desprenden las bases que más adelante respalda comenzar el juicio penal ante la Corte Suprema de Justicia conjuntamente con la Fiscalía.

Desde luego como era de esperarse al tener las pruebas de los restos de la víctima Vilma Pérez, el Ministerio Público y sus colaboradores dentro la institución hacen presente el hallazgo de joven a familiares para que le dieran su santa sepultura.

La búsqueda del asesino cada vez más difícil, por ser un hombre tan hábil, suspicaz pero no imposible de hallarlo en cualquier momento; por el refuerzo es cada vez es mayor, redoblada en lugares estratégicos cada ciudad de los sucesos, como también de posibles adyacencias; además reportado en todos los aeropuertos nacionales como también terminales.

Por consiguiente, Gaspar sabía que estaba solicitado y decide viajar hacia otra ciudad, pero esta vez hacerlo por una línea terrestre con un documento robado, se hacía pasar por un extranjero mexicano, pero en realidad es de Florida, luego al llegar a su destino escogido por él hace siempre el mismo modus operandi en hospedarse en hoteles pequeños casi retirado de la ciudad.

Lo primero que hizo fue encontrar un trabajo en talleres de mecánica, contando con suerte que encontró como soldador, por la sencilla razón que tendría uniforme y su antifaz de soldador es un camuflaje donde ocultaría su rostro y así trabajaría sin miedo, los representantes del taller le pidieron sus documentos, y este presentó documentos falsos.

En sus primeros días de trabajo todo marchaba bien hasta sentirse confiado trabajar largos días sin descanso, esperando ganar su primer sueldo para salir y buscar nuevamente mujer con esas características, al llegar el mes del día de cobro se alegraba tanto que estaba pensando,

— ¿Cuál será mi próxima coartada? buscaré una apariencia al gusto de las mujeres, y pensó en su barba larga y lentes oscuros esta vez.

Y así fue como se está preparando el terreno, hasta que un día salió en busca de información de terrenos muy retirados donde se puedan hacer una fogata los fines de semana.

Pero es solo excusa porque lo que quiere es asegurarse cómo enterrar a su próxima víctima sin dejar evidencias.

Luego de sentarse en una banqueta del parque Central de la plaza, está en espera que encontrará esa persona que le diera la información que buscaba para sus fines de hacer lo indebido.

Cuando de repente ve Gaspar a un señor bastante mayor y se le acerca haciéndole la pregunta con mucha astucia, mientras que el señor le da algunas pistas de lugares donde pueden hacer fogatas, pero Gaspar en esta ocasión necesitaba auto, de modo que tenía que pensar en robarse un auto que viera y luego cambiar de placas como solía hacerlo, en ese momento Gaspar se le abren los ojos de saber que está dispuesto robarse un auto aunque después lo dejará alegremente en cualquier lugar cerca del hotel.

En aquella ciudad concurrida de mucha gente en las noches, es una gran oportunidad para Gaspar buscar su presa esa misma noche, sale al espejo acomodándose su barba, luego rosea un poco de su perfume barato, y sale silbando con su apariencia de galán; además preparado el auto aparcado a unas cuadras del hotel dirigiéndose seguidamente al establecimiento nocturno del piano bar, entra con altivez mirando a sus alrededores mirando no sólo la próxima víctima sino también si había funcionarios policiales.

Pero esta vez Gaspar preparando con una mochila grande que contiene todo para su venganza con su víctima; como su arma blanca, mecates, adhesivos y productos asfixiantes, esa noche pasó largas horas viendo si encontraba una joven peinada con el camino en la mitad, pero necesitaba paciencia y esperar, se toma una bebida alcohólica se fuma unos cuantos cigarrillos y divisa una joven

Saliendo tras ella seguirla hasta alcanzarla, le galantea muy finamente llamándole la atención para acercarse a ella cada vez más, la joven muy seria lo desafía mientras Gaspar insiste invitarla a un café, aquí la chica no cae muy fácilmente a pesar que le llamaba mucho la atención por sus galanteos. Sin embargo, hace preguntas para sacarle información donde poder ubicarla haciendo miles de estrategias para lograr su cometido.

En esta oportunidad Gaspar inventa una estrategia que le funcionó, comunicándole que tiene que comprar unas medicinas porque sufría de un mal en el estómago, y si no lo tomaba podía morir.

La joven lo escucha y por consideración le acepta; acompañándolo muy generosamente a una droguería comprarlo supuestamente; pero la estrategia de Gaspar es hacer el paro que dejó la cartera en el carro, y debía acompañarlo en ese momento, y con esa actitud al llegar al auto con ella la empujó con fuerza hacía el auto y con rápidas le tapa la boca con adhesivo y amarra sus manos para luego arrancar el auto hasta llegar a encontrar ese lugar solitario.

Posteriormente la golpeó hasta desmayarla, y luego abusa de ella para luego asesinarla con el arma blanca haciendo la misma operación de los otros casos, quitarse la ropa de la evidencia de las salpicadas de sangre y quedarse con otra ropa adicional que llevaba por dentro; para salir luego a retirarse del sitio con el auto robado que a escasos metros también lo abandona y continúa su camino a pie hasta llegar a esconderse a reposar su intención de su venganza entre risas burlona su tercer asesinato

Los helicópteros sobrevolaban llegar a otros condados y cercanías llevando aquella alerta del asesino suelto que estaba amenazando toda una ciudad contra mujeres indefensas y no precavidas a su juego, pero esta vez la movilización se profundizó con todas las alarmas activadas para este tipo de evento inusual.

En ésta oportunidad después de tres días, los familiares de ésta última asesinada denuncian la desaparición de Bárbara Banner quien no han podido tener pista de dónde encontrarla, y al ver las alertas en la ciudad con masivos agentes de policías y del FBI alertando con sus parlantes el peligro que azota la ciudad con el asesino fugitivo; los familiares de la joven Bárbara entran en pánico al escuchar esa noticia presumiendo que su amada Bárbara haya sido víctima de ese asesino y piden de inmediato ayuda para encontrarla.

Seguidamente después de esta última denuncia, de inmediato pasan el informe al resto de los colaboradores y al detective Orlando quién cada vez se alarmaba más, sintiendo que debe apresurarse para evitar más asesinatos, aquí cabe destacar que el detective Orlando en medio de la mala noticia ya eran tres jóvenes víctima de este psicópata se lleva las manos a su rostro por escaparse du sus manos no poder evitarlo mientras no lo ubiquen al asesino.

De tal forma que Oficiales policiales están pendiente de cada viajero que abordan los transportistas terrestres, chequeando a los pasajeros previamente sus documentos antes de comprar pasajes para verificar si son falsos, porque lo más probable es que el sujeto se la sabía toda y no se sabía cuáles son sus estrategias para salirse con las suyas.

Dicho de otra manera, la situación se escapa de las manos del Detective, cada vez se pone más tensa por el movimiento de pasajeros revisando y ver sus características del sujeto solicitado, el operativo es bajar pasajero para revisar sus pertenencias, el Detective Orlando los anima no bajar la guardia mientras él estudia más a fondo el caso con mucha dedicación, y se preguntaba

— ¿Cuál será la estrategia del asesino? que se nos ha dificultado hallarlo, y piensa detenidamente cómo podría tenderle una trampa que cayera infraganti, y se decía;

— Tengo que buscar ¿cuál es la característica de las mujeres que busca?

Sabemos que son jóvenes de veinticinco años y un poquito más, pero hay algo más que no sabemos, y se le prendió la idea a Orlando en visitar a cada familiar de las víctimas hasta ahora asesinadas, y para eso tiene que averiguar las direcciones para luego indagar un poco más en la investigación por medio de sus fotografías.

CAPÍTULO VII

Severa investigación del detective

Al siguiente día entrando a su despacho lo primero que hizo fue revisar todas las denuncias hechas; iniciando su tarea en llamar a familiares de las víctimas; empezando con la señorita Bertha Smith, contestándole su seguidamente la madre con su voz quebrada e inconsolable, cuando el Detective se identifica lo primero que dijo fue.

— ¿Ya encontraron al asesino de mi hija?

Orlando prudente le manifestó que necesitaba de su colaboración para personalmente responderle, y así fue como le dio la cita para ese mismo día.

Por consiguiente, Orlando se prendió su tabaco respirando profundo siguiendo su reto jugándose la última carta para encontrar el asesino el azote del momento, pero sabía que la visita de la madre de Bertha Smith iba a remover dolor fuerte, y tiene que tener las palabras adecuadas para consolarla sin perder el objetivo al que iba.

Pasaron tres horas más tarde después de su almuerzo, y sale en su auto rumbo a esa visita conmovedora; pero resultó que había mucho tráfico y sabía que tardaría un poco y para no quedar mal le llama de inmediato.

En ese instante le llama uno de los Oficiales a Orlando comentándole la redada que aún tienen por todas las ciudades y para la mala noticia dice que ha caído otra víctima Orlando volvió a suspirar conmovido pero concentrado en la vía manejando, pero es tan grande su tensión que enciende un tabaco para no estresarse, y continua hasta llegar a la dirección donde haría la visita con la madre de Bertha Smith.

Llegando Orlando saludo cordialmente a la señora mientras ella lloraba desconsoladamente, y espero que la señora se desahogara, y fue así como la señora lo primero que preguntó

— ¿Cuáles son los resultados de la búsqueda del asesino?

Aquí Orlando controlo la situación que con su mirada comprendió, y luego sobo su espalda su momento de mucho dolor.

Le ofreció sentarse y seguidamente le ofrece un café la señora.

Y para apaciguar un poco los ánimos de la madre de Smith, Orlando le da esperanza en hallar al asesino en pocos días; además le manifestó que por los momentos estaban en la investigación y necesita que le colabore, le dice Orlando respondiéndole ésta,

— ¿Y cuál es la ayuda detective?

Es algo sencillo, necesito que me muestre una foto de Bertha su hija la fallecida,

— Con gusto ya se lo doy Detective.

Y salió a buscarle la fotografía.

Llegó hasta la recámara buscando la foto y se la mostró, el detective dice con humildad,

— Ahora necesito me la preste para hacer unas averiguaciones, La señora lo miró sorprendida, pero al final aceptó diciéndole

— Cuando termine su trabajo investigativo me la devuelve.

— ¡Claro se la devuelvo señora Smith!

Es sólo para una investigación, por el momento estamos armando el expediente.

Estamos cerca señora de encontrar al asesino, luego se armará un juicio en contra del susodicho criminal y usted estará presente en ese juicio.

— ¡Qué le parece!,

Pasaron varias horas de la visita y Orlando le agradece profundamente la atención a la señora por su colaboración, y se despide con su sonrisa de solidaridad.

Luego sale Orlando rumbo a su despacho a pensar y preguntarse

— ¿cómo armaría esta investigación?

Pero se acordó que tiene que llamar a la familia de la otra joven para que le diera cita para el día siguiente, buscó su agenda e hizo la llamada a la familia de Vilma Pérez, timbrando varias veces el teléfono hasta que por fin le atienden, identificándose como el detective del caso de las víctimas desaparecidas y asesinadas en Florida.

Aquí la familia de Vilma Pérez no fue amable se le sintió muy renuente, porque aún sienten el dolor por el asesinato de Vilma, y la seguridad del estado dice la señora que no han logrado capturarlo, inmediatamente Orlando el detective los calma y les anuncia visita para poder ahondar en la investigación.

Por consiguiente, le dieron la cita para el día siguiente en hora de la tarde, y ya satisfecho por aceptarlo Orlando se dispone prepararse llegar puntual a la visita del día siguiente con la dirección suministrada como habían quedado ambos, mientras tanto Orlando muy estresado y ansioso se ha programado conversar con un amigo de otro tema que no tenga que ver con investigaciones, disponiéndose en ese preciso momento llamarlo esta vez su amigo Alex

— Hola Alex, cómo estás tú, tiempo sin saber de ti, te gustaría aceptarme una invitación a la cervecería y tomemos un tiempo de expansión en otros temas

— ¡Oh amigo Orlando, yo estoy bien! Y sobre tu invitación acepto

Sale de inmediato al encuentro con Orlando a deliberar conversando en la cervecería tomando como tema la inseguridad, a lo que Orlando le dice ábreme otro tema más romántico sonriéndole.

De tal manera que Alex sonriendo le toca otro tema de interés para su amigo Orlando, y esta vez le habla sobre sus aventuras con las mujeres hermosas de Florida que no lo toman en cuenta. Contándole a Orlando sentirse enamorado; pero no correspondido y sueltan las carcajadas ambos, Orlando le dice:

— ¡Otro tema muy triste!

Orlando contento toma su sorbo de cerveza porque su encuentro con su amigo hace drenar sintiéndose bien optimista; pero necesita pensar, y le pregunta al amigo Alex

— ¿Qué te parece hoy día las mujeres en esta ciudad; con respecto al amor a primera vista?

Aquella conversación sostenida por Orlando en querer saber la opinión de Alex, es la clave para sacar conclusiones de lo que estaba pensando.

Su amigo sorprendido de Orlando lanza la misma pregunta,

— ¿Y cómo ves tú Orlando las mujeres de hoy día, que se enamoran y no piensan el riesgo que tienen sobre el candidato?

Orlando emocionado enciende su tabaco de olor a chocolate a manera de pensar lo que le podía responder a su amigo Alex.

Diciéndole que la mujer por su naturaleza le encanta que le digan cosas bonitas y el primero que se las dice enseguida se lanzan, ahora mi esposa fue una mujer coqueta por naturaleza, pero sabía a quién aceptar, así le gustaran los galanteos; por eso la escogí como mi esposa.

En ese momento su amigo Alex lo observaba más que sorprendido y le manifiesta que él no poder contar con la misma suerte, porque para galanteos no sabía absolutamente nada, y quizá esa era su falla, pero en líneas generales la mujer cuando es decidida con galanteos o no, no le importa, se entrega rápido, aceptando cualquier proposición, y quién sabe si al equivocarse se tope con un psicópata

Orlando dio en ese preciso momento con el clavo de entender esa cruda realidad de la actual sociedad en la que se vivimos, y como consecuencia Orlando saca sus conclusiones de por qué había tanta delincuencia desalmada en el mundo, y le hace el comentario a Alex el caso que estaba investigando mostrándole la fotografía de las jóvenes asesinadas por un psicópata.

Diciéndole seguidamente a su amigo Alex

— ¡Lo que yo no logro entender es la raíz de hacer violencia justo con las mujeres!

De modo que Alex le hace la sugerencia sobre el caso; sin ser detective a Orlando

—A mi parecer debes investigar la raíz de su venganza amigo Orlando, busca en la registradora el origen del sujeto quizá te dé una pista, ejemplo quien es su madre, si no tienes el nombre averígualo, algo le pasó a ese psicópata en su niñez o en su vida que se distorsionó su psique.

Por consiguiente, Orlando le tomó la palabra y lo vio coherente, o dicho de otro modo muy viable para saber el fondo de la situación de este psicópata,

— Amigo Alex diste con el clavo; se dice coloquialmente, otra tarea para esclarecer agradeciéndole la idea a Alex,

. — De modo que debo saber las causas del psicópata con lo que me acabas de decir Alex, lo tomaría en cuenta, mañana mismo me tomo el trabajo de averiguar, ahora te estoy agradecido haberme encontrado contigo y tomarme estas cervecitas que me hacía falta para drenar tantas presiones con los familiares de las víctimas afectadas.

Finalmente, los amigos pagan la cuenta en la cervecería, se dan la mano de despedirse quedando Orlando agradecido a Alex haber compartido esos bonitos momentos. Después de despedirse ambos salen en busca de sus autos para cada uno dirigirse a sus casas, mientras que Orlando al observar el reloj asombrado pareciéndole demasiado tarde; se acuerda que su mujer debe estar preocupada por ser ya de madrugada

Ahora bien, en esta ocasión Orlando se marcha muy optimista a la dirección de la cita pautada con la madre de la víctima Vilma; para adelantar investigación del caso, encontró fácil la dirección que llegó justo diez minutos antes, tomándose su tiempo para estacionar su auto, ponerse su chaqueta, su sombrero, sus lentes y con su apariencia optimista y segura de llegar hacer el mejor trabajo de su vida; y por consiguiente no faltó su maletín.

Después de prepararse toma sus precauciones al caso, toco la puerta; saliendo al paso la madre de la joven Vilma que lo esperaba ansiosa, aquí cabe destacar que la señora estaba muy triste y casi deprimida, que lo primero que le dice al detective Orlando es.

—La impotencia es tan grande señor detective que lo que deseo hacerle es recontra matarlo a ese maldito asesino.

Orlando le encarece mucha paciencia y serenidad; calmándola todo el tiempo con cariño a la señora que las pesquisas están muy cerca, pero necesitaba de su colaboración para esclarecer el caso, en definitiva, la señora en ese momento lo invita a sentarse en el recibo de su casa, luego de sentarse Orlando en el sillón suspiro hondo.

Por esas razones obvia del dolor de la señora por la joven asesinada, Orlando se muestra solidario a su dolor y en estos casos manejarse con prudencia y sensatez, o simplemente ir concretando el objetivo de la visita; porque sabía que al pedirle la foto reviviría el dolor de la fallecida hija, pero es vital que le de esa fotografía de la hija.

Las palabras de Orlando sonaron congruentes y sinceras a la vez.

— Mi señora para sacar el caso rápidamente con éxito en encontrar el agresor necesito me colaboré con darme una foto de su hija, sé el dolor que le causa ver la foto de su hija, trate de prestármela con esa finalidad y le aseguro que pronto tiene las mejores noticias.

Aunque la señora al principio estaba renuente, se fue relajando con las palabras dulces de Orlando; luego de levantarse de la silla la señora saliendo a buscar la fotografía de su hija fallecida con esas lágrimas que le salían por su desgarrado dolor de no poderla ver nunca; sólo por fotos, Orlando agradeció y luego tomó su sombrero, su maletín donde guardó la fotografía y se despidió de la señora.

Con pasos apresurados el Detective Orlando sale a buscar su auto al parqueadero dirigiéndose nuevamente a su despacho para analizar las dos fotografías que había recaudado para su investigación, pero antes de llegar quería tomar alguna bebida porque se siente muy exhausto, luego compró bebida y sus tabacos que se le habían agotado.

Habló con su mujer para encarecerle que no le llamara porque iba estar muy ocupado, diciéndole a su mujer.

— ¡Amor si llego tarde perdóname! pero debo adelantar la investigación y salir de esta situación de una vez por toda; y poder dedicarme a ti como tu marido, sé que te sientes sola, pero este es mi oficio como Detective.

Orlando preparándose psicológicamente llevar a cabo el análisis las dos jóvenes asesinadas lo primero que hizo fue, tomarse la bebida y fumar su tabaco con deleite para sentirse auto seguro de lo que está analizando botando humo por su boca en forma de globitos hacia arriba; con aires de satisfacción, observando que ambas se peinan igual comprobadas en las dos fotografías, y para él es extraño.

Orlando en ese momento quedó pensativo y asombrado que se quedó boca abierta pero que sin duda eso tenía una explicación que tiene que averiguar. Esa noche no dejaba de pensarlo en que la casualidad es mucha; porque los móviles de este caso le llevan a la conclusión que tiene raíces muy profundas como dice mi amigo Alex, ahora lo más importante que tiene que hacer Orlando según su análisis; es averiguar el origen del por qué asesina a mujeres., y para eso debe descansar.

Por último, Orlando debe averiguar

— ¿Cuáles son los móviles que lo llevan convertirse en un antisocial?

Y tomando su agenda escribe su primera tarea de averiguar todo sobre Gaspar; sacando copia certificada de su nacimiento y luego tomarse el trabajo de localizar su madre si está viva, luego ponerse en contacto con los oficiales que están buscando al prófugo de la justicia como también hacer los contactos con el FBI en diligenciar al Ministerio Público la orden de captura.

Ya Orlando considera en segundo plano seguir buscando a sospechosos, ya su investigación está avanzada y pronto lograrían su objetivo, además solo falta por encontrar la última víctima asesinada al extremo de la otra ciudad vecina, la joven llamada Bárbara Bonnet.

CAPÍTULO VIII

Persecuciones del organismo policial

Con muchas las cosas que tiene agendando Orlando que tomó el tiempo suficiente poder clasificar todas en diferentes días; desde el origen del asesino hasta llegar a saber porque odiaba las mujeres con el peinado del camino en la mitad, y no descarta que fuera alguna mujer que amo con locura que se enloqueció en vengarse.

Finalizando su tarea de investigación le dieron las once de la noche y debe marcharse a su residencia a descansar, luego al llegar lo recibe su esposa con mucho cariño preparándole un rico platillo porque sabía que estaba cansado, cenando luego junto a su esposa a altas horas de la noche para luego ir a su recamara a descansar al lado de su mujer; quien lo comprendía además de amarlo.

Las palabras cariñosas de su amada esposa le dan placer de sentirse consentido después de tantas barbaridades que vive, además de un trabajo tan complicado y que sólo el amor de su mujer es su único alivio; porque separaba sus deberes del trabajo con el deber de esposo, pero eso sí; su mujer no le permitía fumar su tabaco en casa porque lo invadía de besos relajante.

Al siguiente día salió Orlando averiguar el origen del asesino Gaspar, para localizar a parientes y poder enterarse de las causas de este flagelo del vil asesino.

Aquella mañana fría por el invierno y el tráfico insoportable lo hacían irritar, pero nunca le faltaba su tabaco y buen humor en tararear en el camino alguna melodía que le inspirara hasta llegar al destino donde se programó, así fue que al llegar a las oficinas de la registradora solicitó la partida de nacimiento del asesino Gaspar Harris para luego buscarla al día siguiente.

Luego de la agenda apretada de Orlando, prosiguió al despacho para ponerse de acuerdo con el equipo rescate de cadáveres, que en esta ocasión encontrarán la otra víctima asesinada; de nombre Bárbara Bonnet, contando con suerte que el equipo dispuso al operativo para el día siguiente, aunque sabía que llevarían varios meses porque eso no es fácil adivinar donde pudo haberla enterrado; gracias a la ayuda del perro que es la salvación por su olfato fino y entrenado para estos casos.

Mientras los agentes policiales hacen múltiples operativos en todos los territorios, el fugitivo de Gaspar permanece escondido durante mucho tiempo en hotel retirado de la ciudad con miedo de que las autoridades policiales llegaran apresarlo, además acorralado porque el poco dinero se le está agotando y lo único que se le ocurrió en su mente es salir muy temprano disfrazado de miserable méndigo para pasar desapercibido y buscar quien lo transportara a un pueblo retirado.

De manera que Gaspar se dejó crecer la barbilla, cambiando de look pintándose el cabello de rayitos blanco con similitud a pronunciadas canas pareciendo un anciano, luego sale del hotel en la madrugada para no pagar y levantar sospechas. Al salir del hotel busca en la carretera algún camión de carga solicitarle el aventón para trasladarse a las afueras de la ciudad, todo lo fue programando por la prisa que lleva, mientras espera ve a la policía haciendo requisa, y nervioso de inmediato agacha su cabeza con un sombrero viejo y cabellera de canas pintadas.

Logrando Gaspar encontrar el aventón con la condición se pasara para la parte de atrás con unos cochinos vivos que lleva de carga el camión. El camionero lo hizo por comprenderle ser un miserable mendigo y misericordia además maloliente, porque Gaspar es listo en desafiar a las autoridades y al final salirse con las suyas por su audacia y habilidad.

Al llegar a ese lugar donde lo dejo el camionero consideró esconderse Gaspar, pero antes se puso a pedir limosna hasta llegar a un pueblito pidiendo ayuda para refugiarse, este asesino estaba lejos de la ciudad.

Por consiguiente, por otro lado, el detective fue a la registradora a buscar el origen de este sujeto fugitivo en la fecha señalada, y al parecer Gaspar Harris arroja ser huérfano considerado como la madre la señora Vicenta Harris como su tía; y dejándolo sentando en el Registros como hermana mayor sustituyendo a su madre.

Para el Detective Orlando esto no indicaba nada relevante, pero sin embargo debe buscar a la señora Vicenta para indagarla sacándole alguna información con éste informes para ahondar su origen, y para agilizar la investigación Orlando sigue lo que se había programado con el equipo comenzar hacer movimientos para la búsqueda del cadáver de la víctima.

El Detective tiene pendiente de pasar informe a la telefónica y rastrear llamadas que pudiera hacer Gaspar a un conocido o familiar pudiendo facilitar algunas pistas que se capten, ya previamente les comunico por radio a los colaboradores del cuerpo de seguridad del estado Federal de Florida pasar la voz para ese fin, mientras Orlando por otro lado ya se dispusieron a seguir con el equipo rescate a encontrar cadáveres con otro perro Pasto Alemán.

En ese bosque desierto además desagradable por olor a zorrillo, llegando al lugar el perro Pastor Alemán sintió desespero encontrar lo que buscaba cavando con sus garras un sitio cerca de una laguna. Prosiguieron sacando escombros hasta llegar al fondo donde el perro olía con más desespero para encontrar el supuesto cadáver, de inmediato el forense hace su experticia sacando lo que continuaba en ese hueco que el perro había excavado.

Con las mismas características descubiertas que las anteriores víctimas antes rescatadas, ropa de hombre encima, el asesino suele pensar que de esa manera no lo descubren. Orlando tomando nota del sitio y sus características del modo operandi de este asesino, ya son tres víctimas y todavía no se encuentra el asesino.

Ya para las autoridades competentes lo que queda es hacer lo que llaman cacería de bruja, y para esa cacería ya se ha adelantado bastante en lo que se presume que sea un psicópata suelto por evidencias de fotografías recabadas de las anteriores víctimas, en esta oportunidad Orlando en su investigación dice nunca haberle fallado la intuición.

Después de un tiempo Gaspar con sus limosnas recogidas y sin saber que hacer decide pedirle alojo a la primera puerta del caserío que le abra, pero con tan buena suerte que al abrir la puerta esa persona humilde le ofrece un lugar para dormir y ducharse, por estar mal oliente, él quizá lo hizo a propósito para que nadie se acercara a él.

De tal manera que Gaspar obediente se ducho y se cambió de ropa luego de sentarse en la mesa a tomar un caldo de gallina que le había ofrecido en esos momentos Gaspar se sintió muy confortable y con un gesto de agradecimiento les sonrío, pero no hablaba nada de su pasado ni de ningún tema.

Esa noche durmió tranquilo y fuera de tenciones. La señora lo miraba fijamente con mucha misericordia, pero dentro de su ingenuidad le pregunta por su familia, mientras que Gaspar siempre evadía del tema. De modo que la señora no hallaba cómo sacarle algo de información,

hasta que el señor al verlo tan introspectivo, callado, le ofreció la ayuda por un par de días por considerar que no tiene recursos para mantener un extraño.

Por supuesto que Gaspar tiene que buscar otra estrategia para seguir huyendo de las autoridades, y se acuerda que dentro de su mochila tiene una agenda vieja localizando el nombre de un pariente lejano llamado Juan que de inmediato Gaspar planifica pedirle ayuda económica por haber quedado sin dinero suficiente, y a la vez recordaba a su madre con mucha rabia por ser su primo

Gaspar estaba muy aturdido por su situación, pero demostraba ante los señores estar sereno a pesar de estar angustiado, de manera que por los momentos debe tener paciencia para luego buscar cómo ganárselo en un trabajo temporal como su plan A. Solventando con la llamada que piensa hacer para la ayuda económica.

De repente se le ocurrió pedirle ayuda a la señora para que le trasladara a un centro cercano donde pudiera realizar llamada telefónica, la señora accedió ayudarlo saliendo al pueblo de inmediato con atuendo de un miserable mendigo, pero limpio esta vez sin señales de sospecha ante la señora que le dio alojo temporal.

Saliendo Gaspar con la señora al pueblo del caserío está expuesto en ser descubierto en cualquier momento, mientras que la señora lo acompaña caminando lentamente ese kilómetro hacia el pueblo, al llegar le indica a Gaspar que realizará la llamada en la esquina siguiente donde están el teléfono público, y le esperaba en esa misma esquina mientras hacía unas compras de frutas, y algunas verduras.

De manera que pasaron varios minutos tratando de comunicarse con el pariente Juan, hasta que le contestó, Juan le pregunta.

— Hola, dime a que se debe tu llamada después de tanto

tiempo.

Gaspar le responde

— Estoy en un teléfono público Juan, y no dispongo de mucho tiempo para explicártelo, pero mi llamada Juan es que necesito ayuda económica

Juan curioso le pregunta donde se encuentra actualmente, pero no le respondió ese detalle, pero le informó lo siguiente.

— Juan insisto, yo estoy en un teléfono público, no te puedo dar detalles,

— Lo que necesito son doscientos dólares en la mensajería del pueblo en western unión a nombre de la señora Ana Cute, porque yo perdí mis documentos.

Respondiéndole Juan:

— Te recomiendo que lo sepas distribuir para que le rinda.

Chau.

Al mismo tiempo la señora Ana Cute llega con sus compras para regresar al caserío donde residían, y en el camino Gaspar le participa que recibiría una remesa a nombre de ella; porque su documentación se extravío, la señora lo escuchaba y estuvo de acuerdo, luego llegando aquel caserío la señora se dispone hacer la cena junto con su esposo Fabricio; quién muy ansioso le pregunta a Gaspar

— Joven ya ha pensado en mudarse en el tiempo que le ordené.

A lo que Gaspar le garantizó irse dependiendo de una remesa que espera de un familiar a quién llamó garantizándole que le mandaría, pidiéndole disculpa de antemano.

El señor Fabricio suspiro aliviado

— ¡Off!, qué alivio

Y le regaló una sonrisa, está bien hijo espero que ya sea pronto.

Pasaron cinco días y Gaspar estaba pendiente de la remesa; y como era de esperarse había que caminar ese kilometro nuevamente con la señora al pueblo aventurarse en las mensajerías averiguando si estaba listo, y así dispusieron volver al pueblo a la mañana siguiente.

Ese día Gaspar está contento, con un semblante muy diferente a los días anteriores que hasta silbaba, quizá para que no sintiera el trayecto pesado de ese kilómetro de distancia para poder llegar al pueblo. Una vez llegan al pueblo se acerca a la mensajería con la señora Cute, preguntando si ya había llegado la remesa a nombre de Ana Cute.

Procediendo horas más tarde retirar la señora Ana Cute la remesa para luego entregarlo a Gaspar, y él agradecido le regala cincuenta dólares a la señora Cute, acompañándole a la vez hacer otras compras con la señora Cute para los alimentos de su marido, al terminar las compras salen ambos para el caserío de lo más contentos para darle la noticia al señor Fabricio de cumplirle su palabra en irse de su caserío.

En esta oportunidad Gaspar tiene muchas esperanzas seguir su ruta escondiéndose de las autoridades, de modo que al amanecer del día siguiente Gaspar tomó otra forma de camuflarse esta vez con atuendo diferente, se puso un sombrero de campesino con ropa limpia que le pidió a la señora Cute, además muy optimista de encontrar trabajo de alguna finca cercana, la señora Ana se sorprendió y le preguntó

— Por qué ese cambió de aspecto.

Contestándole contento

— Pienso buscar trabajo en una finca y tengo que vestirse de esa manera. Al sorprender a la señora Ana, prepara un buen desayuno y se sentaron los tres a degustar del delicioso desayuno que había preparado, una vez terminó Gaspar de desayunar le dio gracias al señor Fabricio diciéndole

— Gracias señor Fabricio por ser generoso en darme su hospitalidad y su buen corazón.

Despidiéndose con un adiós y la bendición.

Gaspar toma su rumbo a su nueva aventura de buscar trabajo como un campesino en lugares lejanos, donde no pudieran encontrarlo.

Y con tan buena suerte Gaspar que vio a un campesino pasar y lo abordó preguntándole

— Señor me puede ayudar a conseguir un trabajo en una finca.

— Todo lo relacionado con siembras de cultivos y cuidos de caballos.

Al escucharlo el campesino le respondió

— Señor a unos kilómetros más arriba necesitaban un peón para cuidar una finca.

—Listo señor muchas gracias.

Aquella sonrisa de Gaspar es de satisfacción, porque le había devuelto esperanza de poder trabajar aislado por un tiempo en contacto personas; que pudieran descubrir su rostro por la búsqueda de las autoridades con ese retrato hablado, después de varias horas de la agotadora caminata de Gaspar se acercó a un establecimiento donde vendían comida y bebida y pudo comer.

Al acercarse la tarde Gaspar entró a un camino donde le había indicado el campesino contactando enseguida al dueño de la finca, se presentó como capataz experimentado en el oficio; cosa que no era cierto porque sus intenciones era esconderse.

Al entrevistarlo lo miró un buen rato observándolo para preguntarle si tenía recomendación escrita, o quien lo podría recomendar, aquí Gaspar no estaba preparado para demostrar su experiencia.

Pero con su audacia y su labia lo pudo convencer que en días haría lo posible darle la persona que lo recomienda siempre acordándose de los viejitos hospitalarios de Federico y Ana.

De modo que el dueño de la finca contrata temporalmente a Gaspar mientras Gaspar demuestra la recomendación escrita, luego le da sus instrucciones necesarias para empezar a trabajar en dicha finca como habían acordado, escuchando atentamente Gaspar las instrucciones que le da cierra trato con el dueño de la finca su patrón.

Asignándole cabañita muy pequeña para dormir, y para alimentarse tiene que recoger de las cosechas que produce la finca como el huerto y gallina del corral. Por otro lado, quedó muy pensativo Juan después de varios días la urgencia de su necesidad económica que tiene Gaspar, se preguntaba, no quiso imaginar más que llamo de inmediato a Vicenta su prima.

Juan quedó curioso saber sobre Gaspar; por pedirle ayuda económica, contándole a Vicente lo sucedido en una llamada, donde ella empezó a contarle la historia de su propio hijo que se convirtió en psicópata, que huyó de él para no caer en un posible asesinato contra ella, y además le comentaba que la odiaba por haberle negado ser su madre.

Vicenta sufre la situación; porque se había enterado de los asesinatos de varias mujeres por sentirse despreciado, y por consiguiente el pariente Juan lamentaba la terrible situación manifestándole que se mantendrá al margen por delicado el tema pertenecer como pariente a un ser antisocial, Vicenta le lloraba angustiada de pensar que su hijo no sólo lo apresaran, sino que también las autoridades le pueden aplicar la pena de muerte.

Pasaron dos meses que después de haber encontrado la víctima llamada Bárbara Bonnet, el laboratorio arroja por medio del ADN las partículas de hebras de cabello de la víctima; las características de su edad, tiempo de fallecida su nombre arrojado por el sistema de igual manera el agresor captado desde su ADN.

De modo que pasó días enteros Orlando averiguando, hasta que se le ocurrió llamar a sus colaboradores si sabían pistas de alguna llamada en que Gaspar haya hecho, el agente le respondió que ha tenido contacto directamente con la telefonía central, y habían encontrado señal de llamada hecha por Gaspar a uno de su pariente pidiéndole dinero; y fue una mañana en un pueblo retirado de la ciudad, por tanto, Orlando sintió un alivio al recibir la noticia que ya estaban cerca.

Como era de esperarse Orlando salió a la central telefónica preparado con órdenes judiciales como el Detective; por si le negaban la solicitud del rastreo de una llamada del fugitivo, solicitándoles en el registro la dirección de ambas partes; tanto de Gaspar, como del pariente, quien muy contento con su atuendo sale el Detective con su sombrero y su encendido tabaco olor a chocolate fumando con tanto deleite por todo el camino.

CAPÍTULO IX

Las pistas descubiertas del detective

Posteriormente llegando Orlando al sitio de la telefónica, se aseguró un puesto en el parqueadero estacionando su auto muy cerca de las oficinas, luego apresurando el paso llega a la telefónica muy optimista saludando a todos los trabajadores de esa institución, presentándose muy enérgico y puntual como el Detective mostrando su credencial del Ministerio público; y su misión bajo orden de averiguación debidamente del mismo, sobre llamadas realizadas que solo le interesa a él para esclarecer una investigación de un criminal.

Ordenándoles que bajo estas circunstancias le colaboren para sacar las direcciones de dos ciudadanos, los empleados de la telefonía se quedan perplejos escuchando al Detective ante la situación, y viéndolo desde el modo emergencia la telefonía no puede negarles tal solicitud a Orlando, ya es evidente que cada vez está más cerca los resultados de encontrar a Gaspar son sus esperanzas de Orlando.

Los empleados inmediatamente salieron a ver la pantalla de las llamadas realizadas y grabadas días anteriores, el Detective sabe lo incomodo que es averiguar sobre un asesino suelto, y en el mismo momento Orlando detrás de ellos pasa a la cabina para escuchar lo grabado entre Gaspar y la otra persona, quien de esa manera agilizan los empleados por escrito las direcciones de ambos cubriendo su solicitud quedando agradecido.

Días más tarde Orlando sale con su auto a buscar la dirección de Juan y llevar a cabo esa misión de investigador hablando con Juan; y saber un poco más de Gaspar, pero un día como ese en el camino se siente pesado había mucho viento de lluvia y extremadamente gris, sentía Orlando tristeza, y pena, porque no es igual enfrentar a un asesino que enfrentarse quizá al dolor del familiar de Gaspar que no sabemos la vergüenza que pueda sentir.

— Ojalá que me colabore Juan. Decía a sus adentros. Orlando.

Teniendo en cuenta Orlando la hora prudencial para visitar a Juan, se detuvo un tiempo pensando cómo comenzaría el diálogo con Juan, y lo que se le ocurre es hacerle la pregunta sobre el desenvolvimiento de su infancia de Gaspar y hablarle desde el sentimiento de la misericordia le colabore como familiar, y de esa manera entrará en confianza

Al llegar al lugar donde vive Juan el pariente de Gaspar le pide disculpas por presentarse sin aviso previo, Juan le sorprendió la visita; no sabía quién lo visitaba, Orlando se presenta dándole la credencial de Detective como el funcionario público del Ministerio, en ese momento Juan asoció el caso de su pariente Gaspar hijo de una prima lejana.

Seguidamente Juan lo atendió amablemente poniéndose a la orden responder cualquier pregunta que el Detective le pueda preguntar para responderle. Hubo en ese momento un suspenso entre ambas partes, por un lado, Juan con vergüenza y Orlando también; porque comprende el dolor que puede sentir Juan tener un pariente asesino.

Comienza la conversación con Juan saber sobre esa llamada que le hizo Gaspar, Juan le responde de forma natural de cómo recibió esa llamada de Gaspar pidiendo un apoyo económico, y diciéndole.

— No tengo relación constante con él, sino fue una casualidad que se acordó de mí y me llamó, pidiéndole ayudar en su necesidad.

—Pero siento vergüenza y dolor por ese pariente de mala cabeza hijo de mi prima Vicenta.

Aquella larga conversación con Juan tratando dijera el origen del por qué Gaspar nació con esa tendencia distorsionada psicológicamente, Juan le responde.

— Lamenta no saber la respuesta exacta Detective, la única que puede responderle es su madre mi prima Vicenta.

— Yo solo cumplo diciéndole lo que ocurrió en esa llamada, y puedo colaborarle avisándole si vuelve a llamar; pero con mucha pena no tengo más nada que decir señor Detective, diríjase directamente a su madre de Gaspar y aclare el punto.

Seguidamente Orlando le pide a Juan le diera la dirección de la madre de Gaspar, y ahondar más ese origen del problema psicopático de Gaspar.

Y le continúa diciendo

— Mi labor es investigar sobre la causa, no pretendo incomodarlo Juan.

— Y como Detective mi intención es investigar sobre casos como estos, prometiéndole ser sensato, pero ahora Juan necesito de su colaboración en facilitarme su número telefónico para llamarla anunciándome.

Y Juan le da su número de teléfono al Detective.

Al despedirse Juan del Detective llama contándole la situación a Vicenta con respecto la llamada que hizo Gaspar solicitándole una ayuda económica; aquí Vicenta suspiraba sufriendo la desgracia de su hijo sintindose muy culpable, y le responde a Juan.

— Gaspar no fue atendido por m a tiempo con psicólogos, quedándole un remordimiento en su conciencia.

Momentos más tarde el Detective contacta a los colaboradores para ponerles en conocimiento dónde encontrar a Gaspar con pistas ya recabadas del paradero del fugitivo; comentándoles la llamada que hizo Gaspar a su pariente, que fue lo mejor que pudo pasar por su labor como Detective.

— ¡Ahora necesito que todos desplieguen al lugar sin perder tiempo!

Y localizarlo en caseríos, y perdonen que les hable enérgicamente.

Al verse ellos sacudidos por el Detective Orlando, no les quedó más remedio en salir todos en combo a los caseríos, Orlando le había señalado la pista ahora toca investigar del lugar de los caseríos cual visitó Gaspar, y dónde pudiera haberse escondido, la primera casita que llegaron los agentes en las primeras horas del día donde Gaspar se había hospedado.

De manera que al llegar los Oficiales tocando puertas en ese ese caserío, sale la señora abriendo su puerta a los agentes de seguridad; que lo primero que le preguntaron fue, si días antes habían visto a un joven pidiendo ayuda buscando hospedarse, y le mostraron el retrato hablado.

Por consiguiente, se sorprendió la señora, que no sabía si confesarles la verdad que Gaspar sí efectivamente estuvo unos días viviendo en su caserío compartiendo con Gaspar, y viendo la foto que lo busca se siente confundida.

La señora está en duda si revelarles una mentira negando su estadía en su propio caserío, es inocente para ella que dentro de todo no sospecha que aquel visitante es peligroso para ellos y la sociedad, pero no obstante a eso les pregunta a los Oficiales.

— ¿Qu es lo que exactamente ha hecho de malo?

El Detective

Los Oficiales entran en sospecha comprender que la señora les ocultaba algo, mientras que la señora insistía,

— ¿Y porque lo buscan?,

Los Oficiales ya estaban perdiendo la paciencia que explicaron una y otra vez, que el fugitivo es una amenaza a la sociedad.

Pero la insistencia fue tan grande que la presionaron tanto a la señora para que definitivamente dijera definitivamente la verdad, hasta que la señora en su inocencia les confiesa a los Oficiales

— Les confieso que sí estuvo en mi caserío; y no me parece malo

"Siempre tratando de defender a Gaspar."

Los agentes prosiguieron diciéndole a la señora

— Señora es un asesino de alta peligrosidad, ya tiene tres víctimas como cargo ante la justicia.

La señora se quedó boca abierta que sus piernas le temblaban y no quería que su esposo se enterara porque podría infartar, seguidamente la señora los hizo pasar a su rancho, pero les dijo que les va colaborar; pero delante de su esposo ocultaran la identidad del fugitivo, así fue que la señora les relata la historia a los Oficiales cuando lo recibió en su rancho llegando como un mendigo andrajoso y maloliente.

Aquellos momentos de la señora Cute son como el escarmiento para empezar a desconfiar de la apariencia de los mendigos. En ese mismo momento preguntan a la señora por su esposo y ésta respondiéndole.

— Oficial mi esposo está muy dormido y podría despertar en cualquier momento y les agradecía que se retiraran.

Pero los Oficiales insisten hacerle más preguntas a la señora, y la señora escucha atentamente la reflexión que tuvo que aprender diciéndoles. ¿Qué otra pregunta tiene?

Los Oficiales le preguntan

— ¿Dónde cree usted que iría cuando se retiró de su casa señora?

— ¿Y qué nombre utilizó ante ustedes?

La señora les manifiesta

— Le dijo al salir que buscaría trabajo en una finca y lo del nombre nunca me dijo su nombre.

Después de esta entrevista caen en cuenta los Oficiales, y creen que debe estar cerca buscando ese empleo en fincas, cada vez las pistas más cerca con esa información siendo suficiente para encontrarlo; dejando más tranquila a la señora, y advirtiéndole que si vuelve a su casa los llame de inmediato a la central de la policía.

Se destaca que la señora se quedó atónica y nunca se imaginó que siendo generosa pudo peligrar hasta la vida misma, y los acompaña a los Oficiales de seguridad a la puerta despidiéndose agradecida.

Los Oficiales consideran solicitar de inmediato una orden de captura contra Gaspar por si lo encontraban en una de esas fincas trabajando; A la mañana siguiente desplegaron los Oficiales buscando de finca en finca, y preguntando por los dueños de cada finca, solicitando si hay esas características de Gaspar.

Pasaron varios meses trabajando Gaspar en la finca, cuando de repente le dice el dueño de la finca que va a salir hacer una diligencia fuera de la ciudad, y le ofrecía llevarlo cerca de algún lugar, porque ya no necesita de sus servicios al que le pagaría en efectivo, quedándose sorprendido Gaspar tartamudea aceptando finalmente el aventón a la ciudad.

Al pasar cerca de la plaza el dueño de la finca se sorprende de ver tanto movimiento de Oficiales de la policía, entablando conversación con Gaspar preguntándole

— ¿Qu habrá pasado?

Pero Gaspar mantiene la calma mirando hacia los lados y le desvía la conversación, y solo dice

— ¡Sigamos nuestro camino jefe antes que cierre la noche!

De modo que siguieron el camino, pero en toda la carretera se veían los uniformados acercándose a las busetas y pidiendo requisas a todos los pasajeros, y Gaspar solo observaba nervioso la cercanía de ser apresado, de manera que Gaspar siente confianza despistando con nuevo atuendo de barba, sombrero de paja y lentes oscuros, y sonreía de la suerte que tiene; que si no es porque el dueño le da el aventón sacarlo de la ciudad ya estaría preso.

Pasaron tres horas más tarde y no cruzaron más palabras en el camino; sin embargo, se estaciona el dueño de la finca a una gasolinera a echar combustible a su auto, y rompe el silencio para convidarlo almorzar e ir al baño, tomando en cuenta que Gaspar siendo un delincuente asesino no le hace daño al conductor dueño de la finca; porque sabe que por ahora se está beneficiando de llevarlo a un lugar tan lejos de la ciudad.

Finalmente llegan a la ciudad y le pregunta el dueño de la finca donde quiere quedarse, y Gaspar mira alrededores hoteles con mala facha, presumiendo sean ser baratos y se pueda esconder de las autoridades, y le manifiesta que lo deje a la siguiente esquina; porque puede ser barato, de tal forma que le da la mano y le agradece por su compañía.

Aquella noche Gaspar llega al hotel dando su documentación falsa y le dan llaves de la habitación, para luego extenderse en la cama a descansar del pesado viaje, luego mira a su alrededor y empieza a pensar que hacer de ahora en adelante para protegerse de no ser apresado.

Al amanecer salió muy decidido a media mañana a conocer la zona de la cercana del Hotel, hasta ver algn establecimiento de concurrencia en que pudiera volver a ver la mujer que le recuerde haber sido despreciado.

CAPÍTULO X

Propuestas De Familiares De Victimas

Por otro lado familiares de las víctimas entraron de acuerdo en protestar a las afueras del Ministerio Público para presionar a las autoridades con urgencia ver encerrado al vil asesino suelto, las protestas son numerosas llevando algunas pancartas con las fotos de las víctimas desaparecidas y la algarabía; propio de una brutal protesta; por sentirse inseguras salir a la ciudad, además estar expuestas a un delincuente suelto, ya son muchas las víctimas y no descansarán hasta lograr verlo entre las rejas

Las emisoras dan las noticias cada vez más alarmantes para encontrar al asesino por medio del retrato hablado de alguien que lo denunciara dando el paso de poder apresarlo, la multitud de gente apoyando la protesta es tan impresionante que tuvieron que acordonar ese lugar del Ministerio Público, hasta que un funcionario con un megáfono habló dándoles mucha esperanza por las pistas adelantadas por el encomendado Detective.

De tal forma que la multitud logró calmarse captando colaborar todos encontrar al asesino, la ciudadanía debe ver noticia y el retrato hablado denunciándolo que el trabajo de todos.

Siguiendo las instrucciones de las autoridades sobre el retrato hablado la madre de Gaspar escuchaba noticias, y cada vez se le arrugaba el corazón al ver aquel hijo perdido en su vida desgraciada, y no tener el alcance para encontrarlo y hacer el milagro de hacerlo recapacitar.

Vicenta viendo los acontecimientos por las noticias televisivas siente mucha necesidad de terminar su carrera de abogacía, porque puede hacer algo por la sociedad, no solo apoyando a su hijo moralmente, pero sí lograr cambiar a este flagelo de azote hacía la sociedad sin rumbo, como madre no supo evitarlo; además quiere reivindicarse y para eso tomó la decisión salir con su auto hacía la Universidad en continuar estudiando Derecho, y luego la rama Penal.

Sabiendo lo injusto de defender a su hijo con ese problema de asesinar a jóvenes inocentes, pero es un humano con defectos y cualidades se decía, mientras que sus ojos húmedos lloran el dolor de madre que no deja de incomodarle

En ese orden de idea, Orlando tenía pendiente una visita a la dirección de la madre de Gaspar Harris y debe hacerlo lo más pronto posible, de manera que dispone llamarla para anunciarle una visita, y en efecto cuando la llama por la noche pensando él que es prudencial que pudiera encontrarla lo logró, mostrándose Orlando colaborar con Vicenta a un acuerdo en entrevistarse en la tarde del día siguiente con ella

Al día siguiente el Detective llega a su despacho y se comunica con las autoridades seguir buscando a Gaspar. Seguidamente estos relatan lo que descubren con el relato de la señora donde se refugió Gaspar, y esa manera de actuar siempre escondiendo su identidad, y de manera inmediata Orlando con adrenalina alta ordena desplegarse por todas las zonas.

En ese orden de ideas ya Orlando sale a su cita con Vicenta la madre de Gaspar intentando serle muy puntual por la distancia en que se encontraba la señora. Al llegar a ese sitio se persignó porque es muy duro entrevistar la madre del asesino más buscado. Luego al tocar la puerta salió la señora muy consternada y llorosa, Orlando la trato de calmar diciéndole

— Señora Vicenta vengo en son de ser su colaborador, y también necesito que usted me colabore, y no se ponga nerviosa

Luego lo hizo pasar a Orlando al recibo de su casa amablemente hasta entrar en confianza con ella.

La señora Vicente le brindó café amablemente a Orlando, quién se lo recibió con todo el gusto y luego Orlando pidiéndole permiso si podía fumarse un tabaco con su permiso para relajarse un poco, después de un rato empezaron a conversar sobre el origen de infancia de Gaspar, dándole Orlando la oportunidad que se desahogará y lo considerará su amigo.

Y fue en ese momento que se abrió Vicenta, relatando su historia desde que lo tuvo en su vientre en sus precarias circunstancias, porque aquellos momentos de su vida fueron triste y al nacer Gaspar su amiga Anastasia aconsejaba en sus peores momentos le ocultara la figura patena, declarando supuestamente que su madre muere; para evitar la famosa pregunta cuando creciera de quién era su padre

—Pero fue mi grave error Detective; porque fue creciendo fuera de un seno familiar sin esa figura paterna, sin familia, una infancia solo conmigo. Gaspar se fue desequilibrando emocionalmente, pero sí tenía muchas habilidades porque fue un alumno brillante, hasta que grande entrando a la universidad estudiando Derecho se enamoró de una joven manteniendo sus relaciones amorosas normales.

Pero al cabo de un tiempo la joven decide dejarlo por no tener deseos de tenerlo dentro de sus planes, mientras Gaspar la amaba mucho, echándolo de su lado, además mi error de negarlo como hijo. Y es ahí donde Gaspar desprende odio hacia mí, y relaciona a todas las mujeres.

Orlando la escuchaba atentamente y prosiguió preguntando

— ¿Dígame algo Vicenta, ¿cómo se peinaba la novia de Gaspar?

La señora Vicenta le respondió que se peina con el camino en la mitad y de cabellos largos rubia.

En ese momento Orlando al escucharla ata cabos, de por qué Gaspar se venga con todas las jóvenes con esas características que las asesina.

— Ahora entiendo seora Vicenta que Gaspar no tuvo ningn chequeo psicológico, pero lamentable siendo un joven brillante en sus estudios desgració su vida de esa manera,

De modo que Vicenta siente remordimiento no haberle asistido con tiempo clínicamente a su hijo.

Orlando entiende y lamenta que Gaspar la vida le jugó una mala pasada, porque pudo haberse realizarse como un hombre de bien.

Así mismo la señora Vicenta le conversaba sentirse culpable, y por eso ha decidido estudiar en la universidad derecho para ser una abogada, demostrándole lo que pudo ser él, mientras Orlando la escucha y la consuela mirándola; le da la razón que pudo haber sido un abogado brillante Gaspar.

De todos modos, necesita Orlando que la señora estuviese en contacto por si alguna vez se acercara a ella e informará a las autoridades; porque es mejor que este preso a que lo maten en la calle, también le hace ver que las noticias están a la orden del día sobre los asesinatos que Gaspar estaba cometiendo.

Que en definitiva llegan a un acuerdo Vicenta y Orlando en avisarle cuando sea capturado Gaspar, Orlando agradece profundamente la confianza que le depositó a él, y se levanta del sillón para despedirse, mientras Vicenta agradeció haberse desahogado y se despiden.

De todo lo conversado entre Orlando y Vicenta tomó su agenda y anotó su petición, dirigiéndose después a la cochera buscar su auto para marcharse a su dulce hogar con su mujer por sentirse cansado de todo un día de trabajo y debía estar con su familia respirando otros aires frescos al lado de su gente que lo necesitan.

Al llegar a su casa su esposa lo recibe con su cariño de siempre y su cena exquisita, luego de sacarle los zapatos y darle masajes para hacerlo sentir en su casa fuera de tantas tensiones de la calle, y además su trabajo arduo de casos penosos y fuertes, por consiguiente, Orlando se relaja y disfruta de película romántica y de las caricias de su esposa, para luego acostarse a descansar hasta el día siguiente.

Al siguiente día se levantó contento, porque tiene mucha información que servían para atar cabos sueltos, dirigiéndose al despacho como de costumbre a revisar su agenda y delegando todo lo recaudado para que la secretaría lo pudiera guardar en la carpeta; suministrándole más tarde todo lo investigado al Ministerio Público.

Orlando se caracteriza por ser ordenado y cumplidor de sus deberes como detective en su trabajo, pero aun así no dejaba de sorprenderle lo difícil de atrapar a Gaspar, las informaciones de lo averiguado es tener tantas habilidades en la forma de vestirse, ahora de campesino y de cuantas cosas más para despistar las autoridades.

Sin embargo, en su intuición fallaría Gaspar que de cualquier manera lo descubran y lo apresaran, y lo mejor es que tiene fe Orlando que sea pronto, ya hay muchas pistas recaudadas. De manera que el Detective decide reunirse con la comandancia general y estudiar la próxima estrategia, pero sin perder de vista la que actualmente estaba vigente.

Al reunirse los agentes en la comandancia general luego de exponer el caso del fugitivo Gaspar ante su superior, lograron consolidar la reunión teniendo larga y tendida charla animando al arduo trabajo de Oficiales de la policía, pero ahora le toca intervenir FBI quien hace su laborioso trabajo sin hacerse notar para no levantar sospechas que el asesino se escape y poder atraparlo con la orden de captura.

Al finalizar la charla se sintieron más animados y con más ganas de ser eficientes en la cacería de ese delincuente suelto, poniendo en orden una logística que les permitiera trabajar las veinticuatro horas con derecho a un relevo de cada participante haciéndolo en puntos estratégicos, en aeropuertos, hoteles, y los establecimientos públicos.

El asesino estaba muy lejos del caserío, y se siente confiado saltar de un lado a otro lado huyendo, consiguiendo más tarde un lugar donde hospedarse y pasar una placentera noche. Al siguiente día a Gaspar le provoco salir a pasear a sus alrededores de su hospedaje, y a la vez buscar quien le diera trabajo como jardinero en casa de familia de ricos, y siempre precavido que ese trabajo se sienta más seguro y con menos riesgo que lo atraparan

Estuvo buscando caminando las calles muchos días, pero sabía que le pedirán la carta de recomendación, y el único que puede dar es el dueño de la finca donde trabajó, pero ni siquiera le pidió el teléfono, allí falló, y además referencias, pero se las ingenio.

Finalmente, Gaspar s pudo— encontrar esa oportunidad en una casa donde lo recibieron pidiéndole previamente referencias personales; incluyendo esas mismas referencias del trabajo, dando sólo el nombre del dueño de la finca, y por supuesto el nombre de la finca, además su persuasiva labia logró el trabajo que quería de jardinero; ganando suficiente.

Y como resultado de haber encontrado trabajo de jardinero, se quitó la barba luciendo más atractivo solo luciendo su boina negra y su nuevo uniforme de jardinero como para no levantar sospechas del retrato.

Toda marcha bien por los momentos, porque Gaspar trataba de hacer bien su trabajo de jardinero, quitando las malezas de las plantas, regarlas con cariño y arreglando con tijeras de jardín el corte de las ramas viejas, mantiene todo un orden con relación a las herramientas de trabajo como jardinero que hasta la patrona está contenta, Gaspar feliz por tener sus tres comidas y momentos de descanso.

Pasaron cuatro meses más tarde en que cada quince días le daban dos días libres y él aprovechaba para ir conociendo la ciudad e ir abonando el terreno para su próxima víctima, de sólo pensar Gaspar que en esa casa había tantos carros estaba pensando en robarse en un futuro alguno de esos autos e irse al lugar donde pudiera saciar su venganza fácilmente.

Gaspar siempre estaba tramando algo mirando a su alrededor, viendo las posibilidades a la mano mientras que dueña estaba contenta con su trabajo, ahora Gaspar debe conversarle para que le diera otras tareas, y se le ocurrió que le mandara hacer sus compras de la alacena donde estaba todo lo relacionado a la comida y le entró por ahí.

Cuando Gaspar viò la oportunidad de hablarle le comentó todo lo que había pensado a la patrona, de modo que la señora lo escuchó y le quedó en contestar más adelante; diciendo que lo iba a pensar.

De manera que Gaspar se les cayeron las alas de pensar que era remota la decisión de la señora y por consiguiente las de él.

No cabe duda que Gaspar lo que quiere es robarse el auto de la casa de la patrona quién de buena fe ha confiado en él trabajándole, pero su pensamiento está tramando otra estrategia más convincente para lograr su objetivo de salir con su auto de la patrona. Al día siguiente amaneció muy optimista que regando las plantas se siente relajado, en otras palabras, más confiado.

Es decir, Gaspar no dejaba de rondarle en su maldita cabeza macabra la idea seguir asesinando a la que se atravesara en su camino con las mismas características que odiaba con todas sus entrañas, es una ¡obsesión o una enfermedad!

De modo que Gaspar continuó con la faena al que le habían asignado, y viendo llegar de la calle la patrona le saluda sonriente tratando de meterle conversaciones e insistirle en ayudarla en algo más, pasaron varios meses en que Gaspar andaba buscando la oportunidad de sacar cualquier excusa que le fuese convincente facilitarme un auto ella vive prácticamente sola, tiene su marido que viene esporádicamente y un perro que la acompaña en su alcoba por toda la noche

En la medida que pasaban los días Gaspar veía salir la dueña de la casa con su auto; porque los otros autos los dejaba en la cochera vigilante de su cámara escondida que aún Gaspar no lo había detectado, de modo que Gaspar al ver las saliditas de la señora sonríe y siente alivio al pensar que podría salir con el otro auto, pero ahora el problema son las llaves, Gaspar movía sus ojos como balines de emoción o por impotencia de no poder saber dónde están las llaves del auto.

De tal manera que Gaspar no le quedaba otra cosa que esperar que la señora regrese y tomarse su tiempo en descubrir dónde depositaría las llaves, era tarea complicada porque al sospechar la señora movimiento extraños lo más seguro va para la calle, y sin contar que ni ve las noticias sobre el asesino suelto en retratos hablados.

La obsesión de Gaspar se le hacía difícil tener paciencia de ver los pasos de la señora de dónde pondría las llaves de todos los autos. De modo que Gaspar se le ocurre buscar al perro y con ese pretexto cuando llegara la señora él poder decirle en medio de la algarabía de ladridos cualquier travesura; con tal de seguirla y ver donde esconde las llaves de los autos, sabía que una llave va para la cartera; la que ella está usando, pero las otras deben tener otro lugar, hasta que alcanzó ver donde las metía.

Esa misma tarde Gaspar dispuso en pensar el próximo paso a seguir; refugiándose al jardín tomando aire puro en medio de las fragancias de los jazmines; e ir planificando su venganza contra aquella mujer que se le atravesara con las características de la que amó y lo despreció.

Por otro lado, Vicenta acude a la universidad recibiendo sus clases del derecho procesal y penal, cuenta con la edad de cincuenta años de edad, considerándolo muy oportuno porque nunca es tarde para ella estudiar, además siente curiosidad por aprender más sobre el derecho procesal penal, ella piensa llegar con especialización ser una penalista haciendo lo que le gusta.

En sus primeros días de clases ella hizo amistades con compañeros de clases, pero nunca reveló a nadie la decisión de estudiar a esa edad madura de cincuenta años. Aquella mañana el salón está lleno de muchos alumnos que el profesor se alegró; y seguidamente tomó la asistencia a los presentes, comenzando por presentarse en la materia del código procesal y nociones de la rama judicial en lo penal, porque al terminar la carrera cada uno se especializa en lo que le guste,

El profesor explica a cada participante que se especialicen en el derecho que más le guste; en el derecho penal, en lo civil o Mercantil. De modo que aquellos ojos de Vicenta le saltaban de querer aprender justamente esa materia, porque la atención estaba puesta un cien por ciento continuar próximamente su especialización en el "Derecho.

Y entusiasmada Vicenta le pregunta a su profesor le diera el nombre del libro recomendado para comprarlo, pero el profesor le adelantó diciendo a Vicenta que lo venden en la librería de la universidad y pueden adquirirlo los que puedan.

Más tarde en el receso Vicenta salió a comprar el libro recomendado por el profesor; para devorarlo cuando llegue a su casa y poder entender las causas y consecuencias de casos criminalísticas en serie, teniendo ella la oportunidad de buscarle las soluciones cuando ya ella haya terminado su carrera.

CAPÍTULO XI

Estrategias De La Madre De Gaspar

Aquellas casualidades que se presentan sin buscarlas le daba el valor a Vicenta en seguir adelante, cuando en aquel calor candente ella se sienta debajo de un árbol que había en el patio de la universidad; hojeando el libro pensando en su hijo Gaspar, se acerca un compañero curioso con el típico saludo

— ¡Hola! me llamo Andrs puedo acercarme acompaarte

amiga

Claro si me lo permites, y es de tu agrado ¿cómo te llamas?

—Me llamo Vicenta Andrés. Sonriéndole

— ¡Claro amigo estás invitado!

Andrés mira el título del libro que ella compró con curiosidad y no se aguantó en preguntarle

— ¿Cuáles son los motivos tuyos estudiar derecho procesal?

Vicenta miró Andrés sonrojada y sonriéndole, pero no soltó una palabra, sólo le respondió

— ¡Lo mismo que te movió a ti amigo para estudiarlo!

Y soltaron carcajadas ambos, Andrés algo le atraía de la señora que finalmente mantienen con agrado como compañeros y amigos, y eso precisamente agrada a Vicenta de Andrés, tener una compañía sincera para no sentirse sola, al finalizar las clases Andrés invitó a Vicenta a departir un rato con ella, una cafetería cerca de la Universidad para ir conociéndose más y tocar temas que se relacionarán con la defensa de un acusado.

Porque en Andrés la profesión del derecho procesal es una profesión de alta misericordia, pero en cambio para Vicenta es capítulo de su vida triste que debía cerrarlo con la mejor disposición posible sin que nadie se diera cuenta, y menos sus compañeros de estudios porque es muy confidencial por ahora.

Pasaron horas hablando en la cafetería degustando unas delicatesen y un café delicioso, conversando largo rato de todo un poquito, entre otras cosas la opinión de cada uno de prepararse siendo un buen abogado en el ejercicio, buen hablante, de persuadir para llegar en ser exitoso le decía Andrés.

Sin embargo, Vicenta se preguntaba para sus adentros ¿porque Andrés se interesa en ella? en el salón hay compañeras más bonitas y jóvenes, pero le inquietaba por observarla tanto ese momento Andrés que telepáticamente le leyó los pensamientos Andrés.

Al comentarle en ese mismo momento que él prefiere entablar amistad con personas mucho más maduras que él; por la sencilla razón que algo aprendería de sus experiencias, mientras él piensa que una amistad de jóvenes más bien harían perderle su tiempo valioso, aquellas palabras de su compañero Andrés fueron llegando a Vicenta al fondo del corazón, porque empieza sentir el resultado de querer prepararse a esa edad como profesional, además Andrés la estaba halagando como si le conociera lo que estaba viviendo en tan dura experiencia de su vida

Desde ese momento la conversación de ambos se torna cada vez más consolidada convirtiéndose más tarde en los grandes amigos, al pasar el tiempo Vicenta cómoda con la amistad de Andrés ya no se siente sola porque cuenta con la confianza de su amigo Andrés; para poder contarle en cualquier momento ese dolor de madre avergonzada, en tener un hijo asesino en serie.

Al terminar de conversar se dieron la mano acompañada de un abrazo por la linda compañía que le ofrece Andrés, y pasar un rato agradable, se despiden hasta la próxima clase donde ella escucharía esa materia predilecta; que en realidad para cada uno de ellos tiene sus puntos de vista, Andrés la inmensa vocación de trabajar como un buen abogado en una corte como defensor y para Vicenta es prepararse cuando le tocará el turno de ejercer como abogada de su hijo Gaspar aunque tiene información que familia consanguínea no puede asistirle y Andrés aprovecharía ese caso tan excelente para su experiencia.

Sin embargo, el entusiasmo de estudiar es más fuerte que el dolor que siente por su hijo.

Al llegar a su casa Vicenta lo primero que hizo fue prepararse un café y sentarse en su butaca predilecta cerca de la ventana donde le da luz y ayuda concentrarse de aquel libro que había comprado y que le llamaba la atención, ¡el código penal en criminalística!

Luego de hojear las primeras páginas le parecía estupendo deleitar toda su tarde en leerlo, al terminar de leerlo cerró el libro para descansar y prepararse para el día siguiente ir a su clase con el profesor que daría la materia. Desde luego que Vicenta no deja de pensar en su hijo Gaspar, cuando está sola en su recamara pensativa.

Al pasar la medianoche tiene pesadilla Vicenta con Gaspar viéndolo en su sueño matar a su exnovia a sangre fría, aunque no llegó a conocerla, Vicenta con la angustia del sueño gritó tan fuerte, que se pudo sacudir y despertó muy angustiada, Vicenta salió de la cama asustada a tomar agua calmándose para seguir descansando, pero lo que hizo sentirla mejor a ella fue ponerse a rezar profundamente por su hijo, logrando calmarse.

Al siguiente día recobró Vicenta energías después de esa mala noche, prefiriendo concentrarse en su enfoque seguir adelante y vivir un presente lleno de valentía para prepararse en ser la mejor abogada, y así no fuera para Gaspar apoyar a la sociedad que tanto lo necesita.

Seguidamente Andrés llegó al salón y la vio tan entusiasmada que se contagió de inmediato sentándose juntos en esa primera fila, dándole el saludo cariñoso, y atentos escuchando esa clase magistral que tanto les apasiona, y Andrés a su lado también muy contento. Al llegar el profesor

Empezó dialogando muy natural con todos los alumnos; lanzando la primera pregunta de rigor

— ¿Qué les motivo para elegir la profesión más dura en el campo penal y criminalística?

Algunos dijeron que la profesión de abogacía es un campo de mucha dedicación a estudiar al humano dentro de su ilusoriedad.

Luego Andrés opina pidiendo la palabra al profesor.

— A mí en lo particular me motivo porque él como abogado tiene posibilidades en poder defender al inocente por sus debilidades. Muy bien le dice Octavio el profesor, eso es una cualidad

— ¿Quién quiere decir algo más?

Y Vicenta está que quiere y no quiere opinar.

En ese momento Vicenta no se atreve a participar porque no sabía cómo enfocar sin mezclar su sentimiento de madre sufrida con el aprendizaje profesional, de modo que se atrevió

— "la profesión del derecho no es solamente defender el victimario, sino también aplicar los derechos humanos; y amerita encontrar esas causas del delito." Aquellas palabras elocuentes de Vicenta suenan al oído del profesor Octavio, felicitándola con unos aplausos, les recordaba que están estudiando el derecho procesal que es la base de todo.

El profesor toca muy por encima el penal, el mercantil y el civil, porque cuando terminen la carrera deben especializarse en la que más les guste ratificándoles lo siguiente:

— ¡Estamos claros! Ahora planifiquen que es lo que van a elegir.

De tal manera que la clase estuvo interesante que todos los alumnos se fueron contentos por la explicación tan integral sobre la carrera del derecho dejándoles la tarea de aprenderse los códigos en general para la defensa de un victimario para luego despedirse hasta la próxima clase tengan dedicación, aplicación, y la disponibilidad de asimilar lo que se les enseña.

Vicenta por su lado se mantiene muy aplicada, porque sabía que cuando tocara ese momento de asumir como la abogada; esperaba que ella fuera la profesional que asumiera sin mezclar sentimientos actuando de manera eficiente como esa abogada en el ejercicio del derecho.

Con respecto a los planes de Gaspar las cosas se le facilitaban porque ya tenía al menos el auto que le robaría a la señora quien le dio trabajo de jardinero, porque para Gaspar nada se le es imposible y todo lo cumple a cabalidad y de esa manera es feliz viviendo una vida loca.

Gaspar esta vez planificó trabajarle a la señora hasta finalizar de mes esperando su pago del mes, y encontrar la oportunidad del descuido de su patrona para marcharse con el auto quien le cambiaría la placa por si denunciaba la pérdida de su auto, todo estaba fríamente calculado

— ¿Para dónde se iría?,

Ni el mismo lo sabía, pero lo que sí sabía es que encontraría una nueva apariencia escondiendo su apariencia con bigotes, lentes oscuros y su boina de cualquier color menos llamativo, quizá un gorro deportivo.

Continuaba trabajando como de costumbre todo el día y tarareaba como si ya tuviera un escape exitoso, no cabe duda que Gaspar es un tipo de grandes alcances para planificar un asesinato, a tal punto que hasta el momento ha podido estar libre, pero él sabe que cuando lo capturen tiene conocimientos del derecho como llamar un abogado; pero aún no lo tenía, se suponía que sería un abogado público.

Y su imaginación ya la estaba planificando cuando cayera preso, con la excusa de estar delinquiendo por estar loco o hacerse el loco, y eso está contemplado en el derecho procesal.

Pasaron los días y se acercaba la fecha prevista para recibir su salario, mientras la señora esa mañana le dice a Gaspar que aliste bien la entrada del jardín cortando el césped porque su marido viene en unas horas, y como era de esperarse Gaspar se sorprende de la noticia, diciendo.

— ¡Su marido viene! Me cambió todos sus planes

Sin embargo, la señora se mantiene atenta de su empleado porque apenas se estaba ganando su confianza. En ese preciso momento le paga a Gaspar su salario correspondiente del mes, recordándole lo agradecida que ella está tenerlo varios meses trabajando con ella, y lo felicita por mantener el cuido de su jardín.

Al finalizar la tarde el marido de la señora de la casa llegó con su atuendo de capitán de aviación por ser un piloto, en ese momento Gaspar en su imaginación se le venía a la mente robarle el uniforme de capitán para atraer la próxima víctima, pero cómo podría hacerlo no tiene acceso a su alcoba, pero inmediatamente Gaspar se le ocurre algo tan sencillo debe comprar la sustancia escopolamina y luego soplarlo cuando estén para dormir y actuar en sustraerlo.

Esa noche la pareja muy feliz cenaron su carrillera de ternera mientras Gaspar está preparando su maletín para zarpar al día siguiente cuando tuviera las dichosas llaves de cualquier auto, y por supuesto ese uniforme del capitán que ya se visualiza con él puesto, y más que es de aviación, sus manos las frota de alegría porque se siente triunfante para su plan.

— Me viazualizo con ese uniforme de aviador; y debo verme muy bello, ¿qué mujer no se va a derretir?

Por otro lado, la pareja después de su cena ven una película, y al terminar de verla se disponen a dormir de lo cansado que están, al sentir Gaspar ronquidos del capitán aprovechó en ir a su maletín y buscar la droga que hacía mucho tiempo lo había adquirido luego de soplarlo justo en la alcoba de la pareja espera con cuidado asegurarse que están rendidos para el después proceder a su malvada intención.

Después de un rato prudencial Gaspar logra abrir la puerta de la alcoba con pata de cabra y sustrae el uniforme del marido de la señora; más las llaves que tanto había planificado en sustraerla también, y de esa manera prende al motor del carro y sale con sus pertenencias hacia la calle libre de la majestuosa mansión, dejando a la pareja bajo el efecto de dormir profundamente sin saber nada de lo que estaba pasando con respecto a la fuga de su malvada intención.

En media mañana la pareja aún sigue con ese efecto de la sustancia; mientras Gaspar está lejos buscando donde aparcar y cambiar la placa para su plan, pero Gaspar está pensando en un hotel para pasar la noche con precaución que no esté su retrato hablado, de modo que finalmente se le ocurrió fue dormir en el interior del carro y pedir el baño prestado de un establecimiento para cambiarse la ropa.

En tal sentido la sed de venganza del psicópata de Gaspar es grande que no alcanzaba a medir las consecuencias que le esperaba su futuro, ya había pasado tres días en la búsqueda de dormir en un lugar seguro, decidiendo más tarde alquilar una habitación con el único pretexto que estará unos meses en esa ciudad; habitación más cercana de un sector de lo más escondido.

Al siguiente día la pareja de la mansión durmió largas horas que al despertarse ellos observan la puerta de su alcoba forzada, luego revisan con cuidado la casa y ven que falta un auto, y luego buscan al jardinero y no aparece, la pareja está entrando en pánico y deciden denunciar el caso ante las autoridades, y al escuchar la policía la denuncia presume que ellos ignoraban las noticias de aquel asesino suelto.

Mientras la policía les muestra varias fotografías habladas para que diera pistas de cuál de ellos es que trabajó como su jardinero, la señora observa de ese retrato que le muestran ser el que estuvo en su casa durante varios meses trabajando como el jardinero.

Por consiguiente, la pareja no le cabía duda que el de jardinero es un delincuente, en ese mismo momento la policía le ratifica que no sólo es un delincuente, sino que es solicitado por haber asesinado a tres mujeres porque se presume que puede ser un psicópata, la señora casi desmayada de la impresión; el marido quedó atónito del peligro que corría su mujer al estar sola viviendo por varios meses con el susodicho jardinero.

Aquella confusión del incidente de esta pareja afectada por Gaspar, las autoridades toman la denuncia del caso pasando de inmediato el informe radiando a compañeros policiales buscar el auto robado perteneciente a una pareja quien fue engañada por el sospechoso jardinero que trabajó en su casa, inmediatamente todos los integrantes de la fuerza pública se ponen en contacto buscar al sospechoso Gaspar.

Por otra parte, el FBI tiene permanente comunicación con todos los hoteles que existen en las ciudades, y los panfletos como alarma para que los ciudadanos colaboren. Luego pasaron tres meses más tarde y Gaspar anda planificando la próxima víctima sin que lo descubrieran, de repente sale al parque donde hay mucha concurrencia de personas y niños.

Así pasaron los días angustiados de Gaspar que se encontraba perdido sin un norte ni por dónde empezar, su vida es un caos no le importaba nada solo su sed de venganza es más fuerte que su vida misma; además sin un familiar que lo ayudara; terminó como un psicópata empedernido, y sus días de Gaspar están contados porque en cualquier momento sería apresado.

Al finalizar la tarde del sábado sintió muchos deseos de salir a una cervecería y tomarse una cerveza para reanimarse y buscar la satisfacción de asesinar a sangre fría a jóvenes de su preferencia. Esa noche miraba a sus alrededores y nada veía que le llamara la atención, y se regresa a descansar a su habitación.

De alguna manera logra Gaspar aliviarse por sentirse libre; saliendo de aquella rutina de jardinero, haciendo lo que le venga en gana con libertad limitada porque siente el acoso de la justicia, pero asumiendo de igual manera comportarse como hombre presumido y atento de todos los movimientos de cualquier momento ser descubierto por las autoridades con la denuncia que ya la señora de la mansión debe haber hecho.

Y de inmediato manda a pintarlo con otro color y también cambiarle la placa. Gaspar en su locura piensa ir en lugares nocturnos donde hay discotecas, movimiento nocturno de algunas jóvenes, disponiéndose ese día salir con el uniforme de capitán a dar vueltas por esos lugares.

Haciendo ver ante las jóvenes ser un galán seductor, y cumplir con su propósito de comenzar en tropezar con la próxima víctima en hacerle caer al suelo lo que tenga, así sea su cartera, revista o cualquiera cosa y luego pedirle disculpa entablándole conversación con la persuasiva labia, no cabe duda que Gaspar lo planifica y lo consigue; a sabiendas que está en la mira por las autoridades.

De manera que recorre un lugar donde veía muchas mujeres, pero eran pocas las que tienen las características de peinarse camino en el medio, de modo que ya pintado el auto y placas diferentes le sería fácil recorrer el sector y caminar dispuesto saciar su sed de venganza Gaspar.

Una vez divisada una joven Gaspar sale apresurado alcanzarla a una gran distancia una chica de esas características llevando debajo del brazo una revista, con la predisposición la tropieza hasta hacerla caer,

para luego pedirle disculpas, mirándola a los ojos con gestos de buena gente. Luego sonriéndole le pide disculpas de su falta, pero al verlo uniformado como un capitán de aviación se siente atraída, y no fijarse mejor si tiene su nombre la plaquita la joven, al parecer no le importó, sólo la joven se fija en su apariencia física de aquel desconocido. capitán de aviación.

Como consecuencia la joven termina aceptando la invitación de Gaspar para tomarse un refrigerio donde estaría ganándose de ella su confianza, no obstante, a eso, la invita a salir a dar vueltas por alrededores del sector, mientras que la joven con recelo a pesar que le atrae termina aceptando la invitación.

Más tarde la joven ya sentía desconfianza al verlo agitado, y además maleta que tiene detrás de la cabina del auto muy sospechosa, mirando luego con detenimiento le asustó ver instrumento punzante, la joven después cae en cuenta asombrada por las noticias y las fotografías de retrato hablado y de inmediato asoció que es el farsante fugitivo.

De modo que cuando sobre paró al semáforo en rojo, la joven logró tirarse y huir; luego llamó al número de emergencia de la policía dándole características del auto, quien ella presume además ser el solicitado por el retrato hablado, dándole detalles estar uniformado como capitán de la aviación pareciéndole extraño.

Al recibir la llamada de la joven denunciante del sospechoso a la policía se pone en acción todos radiar por el XTS 1.500 portátil digital a todo el equipo del cuerpo de seguridad, quienes se movilizaron tomando acción en rastrearlo por las características del auto que lleva Gaspar,

Muchas patrullas alborotadas lo alcanzaron a rodear, y a punta de muchos disparos al aire para amedrentarlo ¡Pop! aquellos disparos suenan muy duro que la gente asustada se dispersa, mientras Gaspar no le quedó más opción que parar el auto para entregarse, pero al pasar el tiempo de esa escena vuelven aglomerarse los curiosos en saber que sucede.

Una vez capturado Gaspar los agentes policiales lo requisan, y toman acciones del procedimiento de rigor en llevarlo a la comandancia, pero antes le revisan el auto, de sus pertenencias y el alto de manos arriba; además revisión aquel maletín dónde lleva sus armas, e instrumentos cortantes, adhesivo y drogas de estupefacientes que acostumbra llevar.

En medio aquel rebullicio del preciso momento cuando lo apresaron, le encontraron un pasaporte falso, y no cabe duda ser ese personaje que tanto les costó arrestarlo, las fuerzas de seguridad del Estado de Florida contentos por derribar el vil asesino, que entre ellos no hacen más que felicitar el trabajo en equipo que costó apresarlo siendo por fin el decline de la peor pesadilla de la historia.

Cabe destacar que los Oficiales mantienen constante comunicación con el equipo radial, anunciando la captura del fugitivo y tormentoso asesino Gaspar Harris, quienes de inmediato lo esposan con la previa orden de arresto previamente solicitado donde lo ficharán como delincuente tomándole las huellas digitales, y todo lo relacionado del proceso que conlleva un preso en sus derechos garantizados, a estos casos no comunes en la sociedad son una alerta para los organismos del Estado Federal, inmediatamente dándole el derecho para que llame a su abogado si lo tiene, sino le asignan un abogado Público.

CAPÍTULO XII

El psicópata capturado por agentes de seguridad

Gaspar se le acabo su venganza porque la Justicia ya se hará cargo de su condena, de modo que Gaspar no dice ni pío, por no tener abogado para ese momento, las patrullas con sus sirenas suenan por toda Florida, y también toda la comunidad celebrando la captura de Gaspar levantando pañuelos, participándole de inmediato al Detective Orlando la captura de Gaspar por radio digital transmitida desde la comandancia Central; alegrándose éste pega un grito, ¡se acabó la amenaza en Florida!

Esa noticia le hizo suspirar a Orlando, que no se aguantó sacar su tabaco para fumarlo y celebrar su victoria consumada, donde por fin se liberan todas las jóvenes del vil criminal, como también contento comunica a sus colaboraron felicitarlos por la capturaron de Gaspar y por su buen trabajo.

Orlando tiene una cita de acercarse al Ministerio Público para llevar todo lo investigado desde su inicio; para recabarlo al expediente con relación a su trabajo detectivesco; además curioso en conocer al asesino porque le picaba las ganas de conocerlo y verle su expresión de su rostro, luego Orlando el Detective hizo las llamadas pertinentes al forense para que se tomara su tiempo verificando todos los resultados del ADN del asesino Gaspar Harris y anexarla en la carpeta de dichos datos.

Por otro lado, al llegar Gaspar a la cárcel le tomaron sus huellas dactilares, luego lo reseñan con su número de placa, para luego recibir el uniforme de preso como recluso bajo su nombre Gaspar

Harris y encarcelado bajo estricta vigilancia en la cárcel con la más alta seguridad, porque Gaspar es imputado como peligro bajo orden del Ministerio Público entidad del Estado Florida; quién corresponde el caso resolver su falta, asignándole a su vez su abogado público.

Las autoridades del estado Federal asumen la responsabilidad de velar por la seguridad del imputado tomando como medida cautelar mantener en secreto por ahora el hallazgo del asesino Gaspar; ahora los familiares de las víctimas se encuentran a las expectativas en matarlo.

Después de haber encarcelado a Gaspar Harris hacen todas las vueltas reglamentarias por el asunto del abogado asignado público, y por consiguiente es obvio que se lo concedieron para este momento por no tener un defensor quien le defendería de su causa.

Al día siguiente cerca de las diez de la mañana el guardia de seguridad anuncia a Gaspar el abogado que le asignaba el Ministerio Público por derecho, mostrándose satisfecho tenerlo asignado para su defensa, luego el carcelero le quita las esposas y lo lleva a la salita de los visitantes para la entrevista, de tal forma que el abogado se le presenta ante Gaspar como su abogado defensor dándole la mano y su nombre Mario Gil, y seguidamente tomándole los datos correspondientes de su origen, su edad y demás preguntas que recaudaría el abogado para su defensa en su debido tiempo en el juicio de la Corte.

En consecuencia, Gaspar tiene que decir la verdad al defensor como primera medida para su defensa, haciéndoselo saber el defensor Mario con seriedad; que para que tuviera más garantías lo que dijera en esos momentos es una parte para una buena defensa cuando llegue al punto de origen por asesinatos, Gaspar tuvo en ese momento voz quebrantada diciéndole ser infeliz cuando su verdadera madre le ocultó su origen.

Le pregunta el abogado si tiene familia, respondiéndole que no tiene solo un pariente quien le ayudó económicamente hacía unos meses atrás, aquí el abogado Mario atentamente lo escucha su versión y lo observaba atentamente lo que vivió Gaspar cuando cuenta su historia. Ahora bien, el abogado Mario escucha más la causa que conlleva a su personalidad absurda de Gaspar, lanzándole la segunda pregunta.

— ¿Cuál es el objetivo que te impulsó cometer esos asesinatos?

Aquí Gaspar se extiende contando la historia de una novia a quien amo mucho es esa oportunidad, y era su compañera y novia a la vez cuando estudiaba en la universidad incursionando en la carrera del derecho; siendo admirado por sus profesores por ser brillante en sus estudios, hasta que sintió un día que el mundo se cayó ante sus pies, cuando todos le dieron la espalda y ya su vida no tenía sentido.

Al punto que su novia no le toma en cuenta cuando más la necesitaba, y en su desesperación ser incomprendido como ser humano por no estar en sus malditos proyectos, es allí donde al ser despreciado teniendo un pasado triste de no tener una familia completa como un papá a su lado y una madre que le incentive, le contaba Gaspar que es ahí donde se vuelve un desgraciado.

Al finalizar esa visita de Gaspar con el abogado Mario en el saloncito, le recomendó mantener secreto su historia ante los demás detenidos; y que por su parte quedaba en el sumario como su defensor, y Gaspar quedó satisfecho porque se desahogó con gran parte del odio; consciente pagar las consecuencias de sus actos a sabiendas que tiene segura su condena.

En ese orden de ideas las evidencias encontradas por Orlando están recabada en su despacho y su secretaria los organiza para introducirlos al expediente de Gaspar sobre el caso de los asesinatos, e introducirlo al a su vez al Ministerio Público.

Como consecuencia del acontecimiento de Gaspar preso, se ventila un ambiente esperanzador en esa institución del Ministerio Público, hay mucha algarabía por llevarse a cabo el procedimiento de rigor contra Gaspar con relación al juicio; donde hay que esperar hasta que se arme el tiempo necesario para el juicio en la Corte Suprema de Justicia, por consiguiente, a Gaspar le fue asignado por el juez de control un abogado público para que lo representara en el juicio.

Y dependerá en primera instancia ese proceso de su primera audiencia con la presencia de varios testigos, Jurados, Fiscales, y defensores de las víctimas, familiares de las víctimas, como los integrantes que lo conllevarían a una fecha acordada por la Corte Suprema de Justicia. A partir de los subsiguientes das Orlando se acuerda de Vicenta a quien le prometió avisarle sobre el encarcelamiento de su hijo Gaspar.

En su despacho de Orlando le ordena a su secretaria que le llame a la señora Vicenta, que en minutos fue localizada participándole

Orlando la novedad del encarcelamiento de Gaspar manifestándole que ahora ella tiene oportunidad tener un acercamiento hacia su hijo, quien de alguna forma Vicenta se alegró.

Gaspar, agradeciéndole infinitamente por su gesto en visitarla y entablar ese vínculo de amigo, colaborándole en avisarle la novedad de haber sido apresado su hijo, aquella alegría de Vicenta es tan grande porque solo faltaban dos semestres para culminar su carrera de estudios en derecho procesal en la universidad.

Además, cuenta con la ayuda de Andrés su amigo y compañero de clases; quienes estudiaban sus materias con éxito, y con esperanza que el juez de control pudiera aprobarle ser su defensor a la hora de celebrar la primera audiencia del juicio.

Aquellos días Gaspar en su celda pensaba por el daño que causó a las víctimas y sin ningún remordimiento, más bien satisfacción por su maldita frustración que llego a destruirse sin medir sus consecuencias, mientras que los guardianes de la penitenciaría estaban removiendo los presos para celdas comunes; o sea varios, entre esos Gaspar, en un sólo lugar quien le tocó compartir con criminales y mal vivientes como él.

En la penitenciaría les daban a los presos un espacio a salir en las mañanas tomar el sol jugando algún deporte, y no sólo eso; sino involucrarse entre los presos para despejar angustias, como sabemos todas las cárceles son nidos de víboras donde pelean entre ellos por cualquier motivo y salen hasta heridos, todo eso lo observa Gaspar y se acuerda de sus crímenes como un alivio a sus pesares.

Pasaron largos meses estar encarcelado Gaspar y siente la necesidad de hablar con su abogado defensor quien le llevaría el caso, Gaspar sabía que la demora es natural, pero también sabía que si el abogado no ponía el empeño en acelerarlo era evidente que se podría demorar años, de modo que cuando estaba en el patio de la cárcel tuvo la oportunidad de hablar con su compañero de celda llamado Ariel; con él se abrió porque le inspiró confianza, y le dice:

— Ariel estoy inquieto porque tengo más de ocho meses y no he tenido respuesta del abogado de la fecha para su primera audiencia en el juicio.

En ese orden de idea Gaspar sigue conversando con su compañero de celda quien le responde:

— Gaspar podrías pasar años esperando porque mientras el abogado Público no se mueva en tu caso; pasarán años sin la mera posibilidad de poder acelerarlo.

— Ni modos Ariel, tendré paciencia porque no me queda más remedio que esperar el turno cuando le toque el juicio.

— Ariel si el caso no procede por años, entonces es como morir en vida.

—Dime una cosa Gaspar ¿porque te encarcelaron a ti?

Gaspar mantuvo silencio porque se acordó de la recomendación que le dio el abogado, de modo que lo evadió. A la mañana siguiente el guardia de la penitenciaría le anuncia a Gaspar que vaya al salón que tiene una visita, y pregunta al carcelero

— Dígame carcelero, ¿quién es esa persona que me viene a visitar?

Y se sorprendió mucho quien podría ser, por no contar él con su familia, luego el carcelero lo lleva del brazo hasta la salita de espera para quitarle a Gaspar las esposas; y dejarlo con su madre, Gaspar al ver a su madre se sonrojó de rabia que su primera reacción fue rechazarla diciéndole.

— Te odio madre tanto, que mejor hubiese preferido no me hubieses parido.

Vicenta se le arrodillo llena de dolor y arrepentimiento diciéndole.

— Hijo perdóname por no haber cumplido con mi deber de madre en hacerte tratar con un médico especialista en tu caso depresivo.

Gaspar le escuchaba y se sentía confundido en medio del odio que siente por su madre Vicenta, pero también necesita de alguien cercano en quien confiar, sin embargo; como madre Vicenta entiende su dolor y le pidió:

— Hijo suelta el odio de tu vida, perdónate a ti mismo y tu dolor podría ser menos trágico.

Esa mañana el carcelero le extendió unos minutos más para que Gaspar tuviera la oportunidad de reconciliarse con su madre, mientras Gaspar siente ganas de echarla de su lado diciéndole:

— ¡Fuera de mi lado que no te perdonaré!, ahora estoy como un infeliz desgraciado por tu culpa.

Esas palabras duras le hacían daño a Vicenta que se levantó de la banca solo echándole la bendición de lejos para que se tranquilizara, mientras ella sale de la sala sollozando de dolor, sus lágrimas las secaba con el pañuelo.

Vicenta no sé dio por vencida, lanzándose averiguar en el Ministerio Público a que abogado le asignaron a Gaspar, pero antes de averiguar en el Ministerio Público se acuerda de Andrés su compañero de estudios para sentir ese apoyo moral que tanto necesitaba, pero debía confesarle la verdad del caso de su hijo Gaspar.

Saliendo de la cárcel Vicenta se acordó de Andrés un amigo de confianza que lo necesitaba en esos precisos momentos para contarle su secreto que le ahoga, y quiere encontrar en él sea su aliado. Que momentos más tarde logró comunicarse invitándolo a encontrarse cerca del Misterio público; aceptándole la invitación de inmediato. Andrés muy curioso y por tratarse de su amiga inmediatamente acude a su cita.

En consecuencia, su amigo Andrés llega a la cita sentándose ambos a conversar su triste historia del capítulo del hijo Gaspar Harris, Andrés escucha muy atentamente a Vicenta mirándola desde la compasión, y le anima acompañarla hasta las últimas consecuencias en el caso de su hijo, recordándole su vocación lo que más ama y nada es casualidad como abogado en el ejercicio tiene esa particularidad de abogar por la justicia de su hijo.

Andrés sabe que en pocos meses ambos ya son oficialmente abogados, y este caso será para foguearse poniéndolo en práctica y le dice:

— Amiga Vicenta nuestra misión es defender por una causa u omisión al imputado; y tu hijo no es la excepción.

De modo que la conversación es a puerta cerrada que lo primero que le dijo Vicenta a Andrés fue:

— Pero este tema queda entre nosotros Andrés, nuestros compañeros no pueden enterarse.

El punto al que Vicenta quiere llegar con Andrés con el caso de su hijo Gaspar; es que le acompañe al Ministerio Público averiguar quién es el abogado asignado por el Ministerio Público. Esta vez Andrés contento acepta en acompañarla saliendo de inmediato juntos con aquel optimismo conocerlo, al entrar al Ministerio Público solicitan al encargado de los detenidos recibiéndolos la secretaria de esa institución.

Y para ese momento toma la palabra Vicenta presentándose como la madre del detenido Gaspar Harris, y preguntándole sobre el abogado público que le asignaron a su hijo, aquí cabe destacar que la secretaría colabora a Vicenta y Andrés dándole el nombre del abogado quien tomaría el caso; sugiriéndoles que lo esperen a la recepción mientras lo busca para ponerles en contacto con el jurista.

Por consiguiente, esperaron veinte minutos y el abogado se presenta a la recepción al encuentro de los solicitantes; presentándose como Mario Gil abogado del caso de Gaspar, Vicenta y Andrés también se presentan ante el abogado dándole el detalle de ser la madre de Gaspar, y Andrés su amigo de la madre de Gaspar.

— Doctor Mario, soy el amigo de la madre de Gaspar, esta oportunidad estamos dándole el frente en colaborar con la justicia como colaborador, específicamente en el expediente de Gaspar y poder involucrarnos en el proceso para agilizar su caso; porque ya somos abogado en el ejercicio solo falta unos meses para graduarnos, y queremos foguearnos con ese primer caso.

Vicenta observa Andrés lo que expresa, pero Andrés le leyó su pensamiento y le pico el ojo con mucho disimulo, por saber que le mintió, pero él considera que si le dice ser estudiante no aceptaría que intervenga en el expediente, de modo que el Doctor Mario Gil acepta su colaboración dándole su respectivo número del expediente de Gaspar para adelantar algunos datos.

En resumidas cuentas, el abogado de Gaspar se quedó con la boca abierta al saber que cuenta con la colaboración de Andrés el amigo de Vicenta, detallándole el Dr. Mario Gil a su colega Andrés; que el caso de Gaspar es bien complicado por ser un homicida en serie y además azote en la sociedad, respondiéndole Andrés:

— Doctor Mario somos ahora tres abogados, ¿le podemos colaborar?

— Gracias colegas estaremos en contacto, tomen mi tarjeta de presentación.

— Estamos ante un caso bien complicado, y como abogado defensor tengo el deber de defender, aunque tenga la última palabra el juez de Control.

Luego Vicenta pregunta al Abogado defensor:

— ¿Cuándo considera que comienza el juicio ante la Corte Suprema de Justicia?

Luego antes de responderle el Doctor Mario a Vicenta esa pregunta le reitera

— Señora Vicenta su caso es complicado y hay que tener paciencia.

Y continúa diciéndole

— Como defensor público se puede tardar mucho, por los otros casos que hay que atender por el orden de turno y son muchos, y por supuesto si tiene un abogado particular podría acelerar el caso.

En ese orden de ideas ambos escuchan la parte del abogado defensor de Gaspar Doctor Mario Gil; todos los inconvenientes que existen hacer juicio inmediato, a ellos como estudiantes les conviene hacer tiempo para prepararse pudiendo ambos asistirlo ya titulados ante la Corte Suprema de justicia, mientras que Andrés muy listo le dice a Vicenta:

— Este caso nos es perfecto para la tesis de la graduación de ambos, así que se lo plantearemos al profesor con el caso de Gaspar en la defensa.

En definitiva, Vicenta está muy satisfecha con esa decisión de Andrés, porque para ambos es un reto terminar la carrera con gran éxito, y la tesis dará el tiempo para ya estar certificados como abogados de Gaspar, lo más probable es que Andrés sea el directo defensor porque yo como su madre no califico por la consanguineidad siendo su madre.

Al salir ambos del Ministerio Público, Andrés invita almorzar a su amiga Vicenta por estar muy entusiasmado en la defensa de Gaspar como primer ejercicio, al llegar al restaurante preferido de Andrés piden la carta ordenando traer de entrada una botella de vino tinto, al traerlo sirve Andrés previamente a Vicenta su copa y el de él, y luego chocando ambos brindan por ese momento tan significativo para ambos; en su carrera del derecho a futuro de abogados penalistas.

Una vez terminaron de almorzar Andrés y Vicenta deciden ambos ir a la Universidad porque están decididos ambos comprar ese gran libro recomendado por el profesor de clase titulado con el nombre "Estudios del derecho procesal penal" Un libro recomendado a todo estudiante en el derecho para su mejor formación en la abogacía, aquí el entusiasmo es grande que lo aprendieron a cabalidad, y cuando toco al día siguiente la clase sin avisar el profesor les hizo la prueba a todos.

Sintiéndose Vicenta a gusto ser una estudiante a su edad, comprende su misión entender el apoyo de los demás. Al regresar Vicenta a la siguiente clase la materia del derecho procesal Penal, se reencuentran Andrés y ella recibir su ansioso resultado de la prueba, siendo todo un éxito sus resultados siendo aprobado por el profesor de la materia felicitándolos a ambos Luego les dejo una tarea como ejercicio, defender un caso de homicidio culposo, cuando Andrés y Vicenta escuchan al profesor brincó de alegría por ya tener el caso de Gaspar.

Después de varios días el abogado defensor público fue anunciándole a Gaspar que tendrá otro abogado defensor privado; sin entrar en detalles, alegrándose Gaspar por saber de antemano que solamente un abogado privado tiene más interés defender o al menos busca toda la posibilidad en la defensa, Gaspar está preparado y muy consciente su caso difícil, además sabe sus consecuencias; porque fue estudiante en el derecho.

A media mañana Andrés y su abogado defensor se presentan enérgico a la penitenciaría para entrevistar a Gaspar, el Dr. Mario quien le presenta a Andrés como su abogado privado; empieza dándole instrucciones para entrar en confianza con él, de modo que Andrés se presentó ante Gaspar con amabilidad haciéndole las preguntas de costumbre muy parecido al del abogado defensor, y de acuerdo a sus respuestas iba anotaba todo para ir recopilando evidencias del caso como imputado y proseguir al expediente manteniéndolo en orden.

Al terminar de la entrevista salió a encontrarse con Vicenta para recaudar todo lo que contenía el expediente en su contra, luego armar la defensa con los códigos que habían aprendido en la Universidad sobre el proceso penal y criminalística, pero esta vez con ayuda de un especializado mentor como una guía. Andrés está entusiasmado con el caso por amar su profesión y Vicenta tiene el mismo entusiasmo con miras de ser Juez en el futuro, aun sabiendo que en este caso de Gaspar tienen tiempo, pero lo dejaran para un futuro en otros casos.

Por otro lado, el detective Orlando se mantiene en contacto con el fiscal de la Corte Suprema de Justicia, averiguando qué fecha tentativa le toca el juicio de Gaspar, está tan involucrado en su caso que a pesar de haber terminado sus investigaciones como el

Detective le da nostalgia, pero a la vez alegría abandonar sus averiguaciones de costumbre, y solo piensa en el proceso que conllevo la investigación hasta llegar a este final en que se está preparando.

CAPÍTULO XIII

El final de la investigación de un detective exitoso

El detective Orlando siente gran responsabilidad en todo lo que había investigado, de manera que su secretaria de confianza arma sus carpetas para llevarlo al Ministerio Público quedando sentado en el expediente su total transparencia de neutralidad sensibilidad por los hechos ocurridos, su honestidad llegaba al punto que no le quedaba ninguna duda de nada que no haya hecho como Detective.

En esas visitas de rutina del Ministerio Público, Orlando se entera que el indiciado Gaspar ya tiene otro abogado, además ¿privado?, le causa curiosidad de estar encauzando la defensa a manera de ensayo porque es estudiante en el derecho Penal, y se enteró que será titulado en los próximos días, lo cual le pareció bien; porque de cualquier manera cuando se dé el inicio oficial de la audiencia pueden sacar el caso adelante sin demora; y titulado, además.

El detective Orlando es imparcial, porque sabe que a pesar que se hizo difícil la búsqueda de Gaspar Harris, se alegra no esté suelto haciendo estragos por su venganza insólita, y que más bien descansara de estar haciendo daño a inocentes como un psicópata lleno de resentimientos y amargura, pero digno de misericordia porque tiene una vida desgraciada: que lo llevó ser un psicópata por venganza.

En medio de su tristeza pasaron varios días en que Gaspar está cada vez peor; por verse encerrado en celda de seguridad, sin tener visitas porque se alteraba haciéndose daño él mismo y soberbio para llamar la atención, la encargada de la comida al llevárselo se lo tiraba al suelo; prefería no comer, hasta que el alguacil de la cárcel pasó el informe al carcelero de inmediato; le llamaran al abogado de la defensa de Gaspar para que le hablaran y le dieran un poco de ánimo.

Al culminar el día Vicenta solía encontrarse con Andrés para platicarle lo de la tesis, y practicar juntos como buenos compañeros; además siente la necesidad que se le visitara a su hijo Gaspar a pesar que le estaba prohibido por los momentos por estar castigado, Vicenta está imbuida por tanta responsabilidades como estudiante; que se acordó del detective Orlando que llevaba el caso para que le apoyara a la petición ver a su hijo Gaspar, aunque él no tiene competencia pero si tiene influencia en el Ministerio.

La primera diligencia que logró Vicenta fue comunicarle al Detective Orlando, quien previamente saludo cordialmente y le manifestó que ayudara ver a su hijo Gaspar darle ánimo por estar castigado; siempre y cuando esté en sus manos ayudarla, y en lo que sí podría ayudarla también, es en acompañarla hasta la celda para que tuviese confianza, y le respondió lo siguiente:

— Yo no aconsejo que en estos momentos lo vea porque tiene entendido que está castigado, y no es prudente señora Vicenta.

En la primera audiencia de la Corte Suprema puede ayudar con el abogado asignado del Ministerio Público, en tal sentido que Orlando le propone a Vicenta encontrarse al día siguiente en la penitenciaría en la mañana; para que Vicenta le comunique a su amigo Andrés la asistencia; y que de alguna u otra manera la haría feliz a Gaspar.

Luego Orlando se adelantó hablar con el abogado que llevaba el caso de Gaspar anunciándole la situación que le ha comentado Vicenta la madre del Gaspar, quien está muy pendiente en saber la fecha de la primera audiencia.

El abogado Mario escuchó a Orlando, pero necesitaba ver a su cliente Gaspar y saber de su estado anímico, aunque sabía que estaba en castigo por su soberbia, y además de no querer comer estando a la defensiva en querer suicidarse, pero si le aceptó la reunión llevándolo a cabo a media mañana los tres, el Detective, Vicenta y su amigo Andrés Orlando les ofreció café y como siempre Orlando con su tabaco y pipa.

Seguidamente mantienen dialogando el tema a tratar entre los cuatro, empezando Vicenta comentarle estar estudiando con su amigo Andrés el derecho procesal y rama en lo penal, pero considerando que faltaba unos meses para terminar sus carreras, Vicenta necesita que los incluya por estar a tiempo para que figuren oficialmente ante la corte de justicia sin ningún problema por ya estar certificados.

Acto seguido continuó el abogado de Gaspar alegando que no es posible hacer su primera audiencia porque tiene unos casos delante de Gaspar, además considerar qué tiene elementos por recopilar y poder llevárselo al juez de control, Orlando intervino en el diálogo exponiendo que los elementos estaban en el expediente y si era el caso de llevar los informes de laboratorio había que averiguar con el forense para poder consignarlos.

Orlando estaba muy seguro que estaban en el expediente, pero en copia, si amerita llevarlos un original tómense el trabajo de solicitarlos y poner todo en orden, en el mismo momento de escuchar Andrés los alegatos de los participantes, no escatimó el derecho de poder colaborar con el abogado Mario Gil en buscar lo que fuese necesario para adelantar, y le promete llevarlos al Ministerio Público,

Diciendo Andrés lo siguiente:

—Voy asegurarme que los informes estén debidamente sellados, y firmados, y conforme manda la ley.

Además, Andrés se ofrecía en recogerlos y por último colaborar con todo para la audiencia.

Del mismo modo Vicenta comprende los compromisos del abogado de Gaspar el Dr. Mario Gil, agradeciéndole haberle escuchado su suplica sobre su hijo en acelerar la audiencia preliminar, luego se despiden.

Y salen a la cárcel Vicenta y Andrés averiguar cómo están esos ánimos de Gaspar al fin como madre. Posteriormente al llegar y anunciarse para entrevistarse con Gaspar, Vicenta prefirió que lo hiciera mejor Andrés para evitar que su hijo no le incomode la presencia de Vicenta, luego al momento en que Andrés se le acerca a Gaspar con mucha humildad por la segunda vez; de algún modo solidarizarse con él palmeó a sus hombros preguntándole:

— ¿Cómo están esos ánimos amigo Gaspar?

— Gaspar quiero recordarle que como su abogado alternativo estoy muy pendiente de ti.

Esta vez Gaspar lucía triste, sus ojos exaltados no le quitaban la mirada a Andrés, y Andrés lo miraba desde la misericordia para tranquilizarlo y mantenerlo de alguna manera sereno. Palmeando nuevamente la espalda de Gaspar a modo hacerlo reflexionar.

En ese momento en que Gaspar sintió aquel gesto como un consuelo,

"dijo con tristeza:

— Prefiero morir; porque ya mi vida no tiene ningún sentido, mis víctimas son el detonante de consuelo.

Y cuanto disparate decía, que Andrés sabía que al escucharle podría hacerle bien, después le manifiesta que su visita es para ayudarle, para que se fuera preparando para la primera audiencia preliminar.

En ese preciso momento le aconseja a Gaspar antes de despedirse:

— Gaspar no rechace sus alimentos, porque es un derecho a la vida; y tienes que colaborar.

Le continúa diciendo:

— La justicia es una institución donde prevalece en la presunción de la inocencia

— Yo como tu abogado además de Mario podemos ayudarte a conseguir una defensa justa.

Finalizando la visita le prometió a Gaspar que pronto lo volvería a visitar y saber qué reflexión tendría después de su visita de cortesía. Luego Andrés con pasos firmes y su voz elocuente y firme se le acerca a Gaspar dejándole una reflexión hasta volver a la próxima visita, y son éstas,

— "Gaspar confía en la justicia, pero también debes poner de tu parte" pronto te vuelvo a visitar.

Luego se retira Andrés siguiendo su camino y encontrarse con Vicenta que le espera muy ansiosa en la puerta de la cárcel.

Vicenta muy feliz por haber encontrado en su camino este gran amigo que le daba la mano y comprendía, además es su compañero de estudios. Vicente siente orgullo cuando su amigo les manifiesta a los funcionarios del Ministerio Público ante el sumario de la fiscalía, que Gaspar tiene dolientes, como también tienen los dolientes las víctimas, y que como jóvenes al fin ameritaba la justicia.

Como es de esperarse aquí Gaspar al siguiente día animado se levantó recibiendo sus alimentos con naturalidad y sus ánimos superados, pero tiene deseos escapar, manejaba en su cabeza muchas alternativas, entre esas querer hacer un túnel debajo del wáter, pero para eso no tenía nada punzante porque estaba totalmente vigilado, y solo le quedaba portarse bien, y quitaran en definitiva el castigo, mientras, sus compañeros de celda lo entretienen conversando de chistes y cosas que lo hagan reír.

Después de varios meses Gaspar mostraba otra actitud con la finalidad de estar más en contacto con otros presos y así poder tener otras ideas para escapar, esa necesidad de asesinar siendo su delirio no le era posible en esta oportunidad, es su turno de colaborar cuando le tocara declarar en la audiencia en decir la verdad de sus múltiples asesinatos.

De ahí que Gaspar una vez le levantaron el castigo lo primero que hizo fue buscar aliados haciendo propuestas del escape, y en esta oportunidad cuando les dieron la salida para el patio a tomar el sol se le acercó a uno de los presos; para preguntarle su nombre y ahondar en detalles la causa de su delito haciéndole una pregunta.

— ¿Compañero cuál fue tu delito, por el que estás preso?

— Gaspar mi delito fue por asesinar a mi esposa por infidelidad

Los ojos de Gaspar se le abrieron no por la causa del compañero, sino por su causa injustificable de matar por venganza, además presume que ese compañero podría serle su próxima coartada en proponerle una manera de escapar.

Aquel hombre con quién conversa Gaspar es asesino, pero no psicópata, de modo que la idea de escapar es un delirio muy remoto por no saber cómo hacerlo, pero sin perder los ánimos.

A tal punto que se dieron las primeras ideas de Gaspar, una de ellas es buscar la forma de conseguir la escopolamina, la droga para dormir al carcelero o por el agente que tiene las llaves de rejas, pero por parte de Gaspar no podía ser porque las visitas que tiene son solo de abogados y el compañero solo lo escuchaba, pero no le prestaba atención alguna.

Pasaron muchos días en espera que anuncien la próxima visita, quién debe esperar con paciencia Gaspar a que su amigo de celda propusiera a su familiar la propuesta de escapar, y que para eso necesita tiempo organizar aquella idea de drogar al personal de la cárcel y escaparse, al comenzar el día de la visita anunciaron la llegada del familiar de su amigo de Gaspar, quedando Gaspar a la espera de las mejores noticias.

En el reclusorio se mantienen estrictas medidas de seguridad, porque para pasar eran requisadas desde sus íntimas zonas de tal manera que era imposible que la propuesta se lleve a cabo; aunque Gaspar es tan hábil que daba propuestas al amigo, luego de pasar familiar del amigo de Gaspar las requisan para luego dirigirse al salón de espera para el abrazo con mucho ánimo y cariño, ese amigo de Gaspar no se atrevió hacerle la propuesta de encargo de la escopolamina, siendo fallido su plan al ver a su familiar.

Aquí las circunstancias no estaban a favor de Gaspar porque no podía estar junto con su amigo en su visita con su madre, porque las reglas son estrictas, Gaspar se limitaba estar solo en el patio, y dentro su soledad visualizaba estar libre, pero su ilusoriedad no deja de ser coherente ante su realidad, se la pasaba pensando con la vista perdida añorando que al terminar la visita tuviese las mejores noticias del familiar de su amigo, y vaya a saber si aceptara la propuesta que habían planificado.

Al terminar la visita el amigo de Gaspar le propuso a su madre conseguir droga, ya te atrevió finalmente hacerle la propuesta.

— Madre tenemos un plan para escapar y para eso necesito

me metas dentro de la comida la escopolamina.

Respondiéndole la madre asombrada:

— No soy capaz de hacer esa propuesta por tener miedo que la descubrieran.

Por otra parte, la funcionaria de la Fiscalía se estaba preparando para comunicarle al abogado Mario Gil; que estuviese atento manteniendo a su cliente en contacto visitándolo para saber las condiciones en que se encuentra.

Al tener oficialmente ese comunicado de la funcionaria de la Fiscalía, inmediatamente el Doctor Mario Gil le llamo al Doctor Andrés para que asistiera a la cita y se inscribiera para prepararse en la primera audiencia que en los próximos días donde se llevará a cabo el Juicio. Andrés tomó nota movilizándose en inscribirse, revisar los argumentos y denuncias; conjuntamente con pruebas

ADN, porque para Andrés es vital manejar la justicia a derecho, además está preparado como profesional.

Luego de varios días se acercaba la fecha en que la Universidad ofrecía una conferencia a los abogados en la Universidad, y es de vital atención sobre tantos puntos esenciales en el ejercicio de un buen abogado en el derecho.

Esa conferencia se llevó a cabo en el auditorio de la Universidad con asistencia masiva, como primera medida anuncian al conferencista; y éste a su vez toma la palabra felicitándolos a todos los abogados con elocuencia y entusiasmo, recibiendo cada uno sus honores que los acreditan para ejercer en la sociedad como los mejores abogados.

El conferencista comienza diciendo primero; que para ejercer la mejor disposición de servir como buen abogado; debe leer muchas literaturas recomendadas, y dentro de esas recomendaciones está la de promover metas de corto, mediano y largo plazo; a lo que se refiere el conferencista del largo plazo, tiene que ver concretamente a una distancia de tiempo de tres años para materializar objetivos, y de esa manera economizamos energía mental. Otro punto importante que resalta el conferencista es aprender otros idiomas como inglés, alemán etc.

El conferencista hace énfasis en especializarse en una rama específica del derecho procesal, y no quedarse como un simple abogado en el derecho general, también se refirió al tema de cómo poder cobrar extendiéndose en hacer muchas alternativas que no le hicieran perder tiempo y dinero tanto al cliente como al abogado, los asistentes muy atentos por amar a su profesión en bien de la sociedad en que vivimos toman nota.

El punto que tocó el conferencista sobre el cuido de la imagen es vital e importante como ética profesional, y seguidamente explicó aprender a negociar con varias alternativas; por ser recomendable no siempre litigar, y mejor resolver con el mejor resultado, añadió dentro de los puntos "buscar un mentor" para cuando se presente un caso difícil saber mejor de dos opiniones y tomar la mejor decisión.

Seguidamente su conferencia explica, que para ser un buen abogado debe prepararse mucho en argumentos bien facultados, y procurar tener siempre la razón con más argumentos, porque al juez no le cuentan las opiniones, ni mucho menos voluntades, lo que verdad cuenta son los argumentos bien planteados con buena postura; como por ejemplo la prueba genética, grafoscopía y ADN además las pruebas periciales.

Enfatizó la buena actitud de un buen abogado; en mirar a los ojos a sus clientes con la mayor atención posible, y respeto para infundir confianza, además de buena postura corporal y buena comunicación tanto escrito como oral, concluyendo así su conferencia les dio las gracias a todos por la atención prestada, luego todos los asistentes aplaudieron magistral conferencia previamente antes de diplomarse.

Después de terminada la conferencia Andrés invito a Vicenta hacer su tesis basada en el caso de su hijo, aunque era penal al fin al cabo es un caso, pero la de Andrés la haría con diferentes argumentos para que no fuese parecido, para eso entonces ya tenían adelantado todo el proceso de un juicio que se abrirá en los próximos días con el caso de Gaspar.

Estando juntos Vicenta y Andrés, recibe la llamada del abogado Mario Gil anunciándole que próximamente se abre oficialmente el juicio de la primera audiencia preliminar del caso del indiciado Gaspar, y necesita darle instrucciones previamente para ponerse de acuerdo Aquellos días complicados en que el juicio de Gaspar se realizaba, Vicenta se alegra por saber en qué va a parar el destino de su hijo Gaspar.

Vicenta muy emotiva porque eran momentos cruciales que ameritaba mucha concentración a los acontecimientos sobre su hijo que se ponía orar con empeño para lograr un mejor desenvolvimiento, Además Andrés muy atento y solidario con Vicenta le alentaba dándole mucho ánimo diciéndole.

— No hay mejor momento en la vida que enfrentarlos con valentía. y por eso él la invita esa noche a un piano bar para que se relaje; y estuviese tranquila.

Aquel lugar del piano bar estaba muy concurrido de mucha gente, que empezaron animarse a tomarse unas copas y escuchar las melodías de su preferencia, Y después al finalizar evento muy alentados planifican juntos la salida del día siguiente a la fiscalía a encontrarse con el abogado de Gaspar para que le diera dichas instrucciones, en tal sentido Andrés y Vicenta se marcharon a sus casas a descansar, y quedaron en encontrarse en la fiscalía en la media mañana.

Al amanecer del día siguiente Vicenta se levantó e hizo unas plegarias para soportar el dolor que le causa su hijo Gaspar al enfrentarse pronto a un juicio tan delicado, pero a la vez en contraposición siente la alegría de culminar sus estudios en el derecho procesal, y penal que le daban mayor satisfacción y alegría dispuesta ella a que más adelante seguiría las recomendaciones del conferencista tan sabio, siendo un reto inexorable y trazándoselo como trayectoria en su carrera

Andrés allí se acordó de la recomendación de la conferencia y para eso tiene que documentarse en llevar un buen argumento para el juicio en la defensa, y aprender a resolver la razón que encauzaron sus delitos, que lejos de estar a su favor de Gaspar; podría argumentar las causas que lo indujeron a ser un enfermo mental.

Y como consecuencia logra Andrés en compañía con Vicenta llevarse la información en empezar hacer su defensa; que, por supuesto lo llevaría a cabo con el abogado público de Gaspar, en esta oportunidad Andrés es su complemento de la asistencia en el salón de la audiencia preliminar la próxima semana día del calendario diez de marzo, y de esta manera tomaría el tiempo suficiente para hacer su litigio ante la Corte Suprema de Justicia.

Aquí Andrés está debutando como defensor por primera vez, a pesar de su primer momento de su carrera como defensor, y siente muchas sensaciones de alegría, pero también una combinación de sensaciones inexplicables.

. Por otra parte, en cartelera del Ministerio Público estaba anunciada fecha y hora de la audiencia donde citaran a los familiares de las víctimas, y los abogados, defensores de víctimas como el defensor del acusado

. Aquella situación de esos días es muy tensa, los nervios de ambas partes; tanto el acusado como los familiares de las víctimas sienten la adrenalina alta, además Gaspar está custodiado por el derecho a su vida, aunque la audiencia no opinaba igual, los derechos humanos están contemplado en la ley Universal.

Al siguiente día llegaron ambos abogados a la penitenciaría visitando a Gaspar esta vez asesorándole las recomendaciones que responderá en declararse culpable cuando esté en las preguntas que le haga el juez; en la primera audiencia de la sala de la Corte Suprema de Justicia, y atento Gaspar está de acuerdo.

Al transcurrir los días, se respira en el ambiente mucha tensión entre la defensa de las víctimas y también sus familiares, y ni hablar por supuesto del acusado; hasta que finalmente llegó el día en que se abrió la audiencia al caso de Gaspar donde los guardias se toman las debidas precauciones llevar a Gaspar Harris esposado hasta el banquillo de los acusados con toda la seguridad, considerando que se instalaba en pocas horas el juicio oral en la Corte Suprema de Justicia.

CAPÍTULO XIV

Instalación primera audiencia ante la corte Suprema

La primera audiencia preliminar está conformada por el Juez de Control, Fiscales, los doce Jurados, el abogado defensor de las múltiples víctimas y defensores del acusado, además todos los familiares de las víctimas entre otros. Al comenzar la audiencia abre la sesión la fiscal de turno manifestándole que se pongan de pie para comenzar el juicio.

En esta ocasión el fiscal agradece la puntualidad, y les pide se sienten en sus respectivas sillas cómodo y en orden, y apaguen los celulares. De ahí que al comenzar el Fiscal del Ministerio Público a relatar los hechos de la causa que se le imputan a Gaspar Harris ante esta Corte Suprema de Justicia por múltiples asesinatos en varias fechas de cuatro víctimas.

La primera víctima de Gaspar fue la joven Bertha Smith, estudiante de la Universidad, la segunda víctima lleva por nombre Vilma Pérez fue empleada de un Supermercado, la tercera Bárbara Bonnet se desconoce oficio, todas ellas con edades comprendidas de veintitrés años de edad y veintinueve.

En tal sentido que las víctimas son vilmente asesinadas con objetos punzantes y previamente asfixiadas en algunos casos de ellas; luego son sepultarlas bajo árboles de bosques, además presenta delitos de hurto en robos de autos en varias ocasiones para cometer sus delitos, es por estas fuertes acusaciones que el tribunal de la Corte Suprema de Justicia del estado Federal seguidamente con defensores de ambas partes donde cada uno expondrá argumentos a la defensa respectiva con evidencias y argumentos encontradas, y además testigos, la pericia correspondiente del ADN por los forenses para esclarecer los hechos punibles de este caso.

En concordancia a la asistencia de doce jurados presentes; los que harán análisis de hechos punibles que se le imputan al acusado Gaspar Harris, además estando presente los asistentes que componen la Corte Suprema de Justicia del estado Federal de los Estados Unidos, con un juicio oral justo al acusado Gaspar Harris, con la salvedad de la comprobación en la presunción de su inocencia hasta que se compruebe lo contario para que el tribunal de un veredicto final justo si es condenado o no esto es todo, ahora agradecemos silencio mientras se desarrolla este juicio.

Una vez la funcionaria Fiscal ofrece las palabras correspondientes de la apertura del juicio oral, prosiguió cediéndole la palabra al abogado Peter Eloy quien representa las víctimas en esta Corte Suprema de

Justicia del Estado Federal, empezando por describir averiguaciones que compilan como pruebas de los asesinatos en serie por el acusado Gaspar Harris.

En esta Corte Suprema de Justicia se observa un ambiente tenso pero a la vez paz por el silencio en la expectativa de la justicia, otros con estupor viendo al asesino sentado con una apariencia del buen señor. Mientras los familiares de las víctimas ansiosos le gritan en aquel salón

- ¡asesino! ¡Asesino!, pero el guardia impone el orden; que se abstuvieron después para que no suspendieran el juicio por desacato a la ley.

Continuando el funcionario de orden Fiscal del Estado prosigue con voz enérgica tomar la palabra para concederle a el abogado defensor de las víctimas el Dr. Peter Eloy posesionándose éste a relatar sus argumentos, quién con su voz elocuente y confiado en hacer su mejor defensa en la justicia por asesinatos a muchas jóvenes en plena juventud, procediendo a empezar diciendo al Juez de control:

—Su seora buenos das me presento como el licenciado defensor Peter Eloy ciudadano estadounidense abogado titulado para esta defensa, quien represento las víctimas de sucesos consumados por el victimario homicida culposo Gaspar Harris; hoy imputado en esta sala como el homicida, y en mi condición de abogado de la defensa doy fe decir a todos que la justicia prevalece en el hombre como también en Dios, me consterna enormemente estas jóvenes que hoy no están con nosotros.

Continúa diciendo el abogado Peter Eloy

—Y para los efectos de esclarecer la secuencia de los delitos del acusado ciudadano Gaspar Harris, asesinando a varias damas de esta nación con intención premeditada y alevosía en fechas distintas que el expediente contempla en sus pruebas; bajo la pericia constatada del ADN de las vctimas y del acusado Gaspar Harris en el laboratorio respectivo. Por consiguiente, que las pruebas están firmadas por el forense debidamente sellado, y fidedignas que avala el organismo de la Fiscalía de esta nación.

—Y como evidencia para demostrarlo en esta sala de juicio Oral; ante la Corte Suprema de Justicia con las siguientes vctimas encontradas: Bertha Smith, Vilma Pérez, y Bárbara Bonnet entre otras. Ese momento macabro de acabar con sus vidas Gaspar Harris dejó sus huellas de su ropa ensangrentada, y conjuntamente enterradas en bosques solitarios.

Investigación dirigida por el Detective Orlando Raymond que tomo su tiempo para detectarlos por medio de los cabellos encontrados en la fosa por el médico forense que llevó como su equipo de rescate el Detective.

Y que en nombre de todos los familiares de las víctimas que aquí están presente, recaiga el peso de la ley que se merece, y apuntamos todos que su condena recaiga en pena de muerte, esto, por un lado, y por otro lado, el acusado presenta también delito de abuso de confianza en robar auto donde con ese auto llevaba a sus víctimas para quitarles la vida.

Aquella ponencia del abogado defensor retumbaba al oído de la madre de Gaspar, que también siente como madre mucho dolor por la suerte de su hijo quien no supo atender a tiempo su desequilibrio, Andrés su amigo es su soporte moral que la acompaña para hacer lo indefendible, consciente que la ley del Estado ahora tiene la última palabra de este caso.

En esta oportunidad Andrés Febres actúa como el defensor de la parte complementaria conjuntamente con su abogado Mario Gil asignado por el Ministerio Público para la defensa del acusado, actuando ambos en esta sala para su defensa de Gaspar Harris. Ahora el Juez de control quiere escuchar la versión del acusado Gaspar Harris haciéndole unas preguntas la Fiscal, mientras los guardias lo movilizan del banquillo de acusados para que hable, mostrándose muy tranquilo para empezar.

Así que la intervención de la Fiscal del Ministerio Público le hace las siguientes preguntas a Gaspar Harris como un derecho que le concede la ley.

Acto seguido de la intervención de la Fiscal quien es portavoz del Juez de Control de la Corte se dirige al acusado; quien lo observa sereno, por la sencilla razón que el indiciado sabe que en medio de su desgracia le conceden la preservación de su vida, por saber de leyes, y con su mirada altiva esperaba la primera pregunta.

— ¿Está consciente usted Gaspar Harris haber cometido tanto delito que se le imputan? de asesinar a sangre fría a varias jóvenes nombradas por el abogado defensor, además robar auto.

Respondiendo Gaspar

"SÍ" señor juez.

La Fiscal prosigue con la segunda pregunta

— ¿Seor Gaspar usted declara en esta Corte ser culpable de tantos delitos aquí señalados?

Respondiendo Gaspar

— SI" señor Juez.

Ahora la Tercera pregunta

— ¿Qué fue lo que le motivó a usted cometer tantos delitos seguidos, además robar?

Respondiendo Gaspar:
— Odiar a las mujeres empezando por la que me parió Cuarta pregunta
— ¿Porque motivos odia usted a las mujeres?

Gaspar conmovido suelta unas lágrimas para conmover y responde — ¡Porque ser rechazado por las mujeres más importante de mi vida!

Pudiendo apreciar todo lo dicho por Gaspar Harris, la sala de la Corte Suprema de Justicia del Estado está muy atentos al desenvolvimiento del juicio oral contra Gaspar Harris.

De modo que la Fiscal le concede la palabra a Mario Gil abogado de la defensa del acusado para que intervenga, dirigiéndose al Juez de control

— "Su señoría buenos días, soy Mario Gil ciudadano estadounidense abogado y titulado en el derecho para esta defensa a quien represento al señor Gaspar Harris, y con el debido respeto hoy me hago responsable ante esta Corte Suprema de Justicia los cargos que hoy se le imputan a mi cliente Gaspar Harris.

En ese orden de ideas la ley concede la presunción de inocencia siempre y cuando demuestre lo contrario y mi cliente se ha declarado culpable, por tal razón como defensor de Gaspar Harris se desprende que actuó bajo efectos involuntarios quizá arrastrado por una psiquis enferma, y como consecuencia cometió tantos delitos.

Y para continuar con la defensa cedo a mi colega Andrés Febres prosiga la defensa del acusado Gaspar Harris que conjuntamente coparticipa de manera indistinta.

En consecuencia, Mario Gil le cede la palabra a Andrés Febres que de la misma manera se dirige al Juez de control diciéndole.

— Su señoría buenos días, me presento como Andrés Febres licenciado defensor y ciudadano estadounidense abogado y titulado para esta defensa del acusado Gaspar Harris; quien representó datos previamente registrados en la administración, y tomando en cuenta que el acusado se ha declarado culpable, presumo que hay que analizar el fondo de su débil conducta y ruego su señoría nos conceda por medio de un diagnóstico psiquiátrico una justa decisión.

Y continúo diciendo el Dr., Andrés Febres.

— Y pido permiso ante esta Corte delante de todos, para que se conceda esta petición en nombre de la ley bajo la aprobación del Juez de control el informe psiquiátrico en las próximas horas para comprobar si actúo bajo instintos de locura agravada.

Por consiguiente, el Juez de control observa aquel argumento del Dr. Andrés Febres y prosigue dirigiéndose al acusado Gaspar.

Diciéndole.

— Gaspar Harris tienes ahora la oportunidad de concederte la petición que hace tu abogado defensor Andrés Febres por el código nacional de procedimientos penales.

De manera que le Juez le concede sea resuelto bajo la Jurdica en este momento su caso, o ¿prefiere atenerse usted al plazo de seis días? Para la decisión final. Gaspar miraba a su abogado para que respondiera en nombre de él.

Por tal motivo el defensor de Gaspar, Andrés Febres tomó la palabra ante los jurados y demás participantes en nombre de su defendido esperar seis días mientras se efectúa esa prueba psiquiátrica al acusado Gaspar Harris para la próxima audiencia.

De modo que el Juez de control se levanta, y los guardias dan orden a todos en salir en forma ordenada del recinto; mientras que se llevan nuevamente a Gaspar a la celda correspondiente.

A la mañana siguiente muy optimistas se ponen de acuerdo Vicenta y Andrés en solicitar el examen psiquiátrico de Gaspar, y paralelamente participar a la Fiscalía el permiso para ser realizados el mismo día en la penitenciaría, Andrés se movió en estas diligencias comunicándole a Mario su abogado público preparar a Gaspar a dejarse examinar por los profesionales Psiquiátrico, una vez planificado fueron al Ministerio Público a solicitar el permiso formal para llevar a cabo tal examen.

En todo caso sabían que no era nada fácil poder convencer a Gaspar, pero Andrés con mucho cariño, y la paciencia encontraron el ánimo necesario; que finalmente Gaspar acepó, pero esta vez Andrés llevó la Psiquiatra encausando dentro de lo que cabe ese examen a Gaspar con éxito.

Porque; la profesional Psiquiatra entiende la situación hacerle el examen con el mayor cuidado posible para dar el mejor diagnostico entrando en su psiquis, además algunas preguntas que respondería con las técnicas de regresión para el momento.

Seguidamente detector de mentira para ahondar un poco la frecuencia de mitomanía que arroje en el examen según las preguntas expuestas. Todo este examen a Gaspar le produce mucha angustia, por ser un examen minucioso de más de dos horas y media y en presencia de sus abogados Andrés y Mario, además de dos guardianes de seguridad y la presencia de un miembro de la fiscalía del Ministerio. Público

A los cinco días continuos la psiquiatra les da informe a los abogados de Gaspar diagnosticándole una deficiencia en su autoestima severa, además Gaspar presenta un fuerte desequilibrio mental, que dan como resultado tener una psiquis con alto grado de esquizofrenia, además de mitómano.

Este diagnóstico fidedigno da pie para que los abogados tomen un buen argumento reducirle la pena o recluirlo a Gaspar Harris a un sanatorio; además promover su libertad con medida cautelar dentro del sanatorio, y de esa manera se tomara otro rumbo en el caso del indiciado en no acatar el petitorio de la defensa de las víctimas.

De modo que Mario su abogado público y Andrés, consignan ante la Fiscalía el diagnóstico de la Psiquiatra dentro los seis días concedido por el Juez de control, contemplado en ley ante la pregunta inminente de su caso, presumiendo la posible resolución.

Y como reto grande para Andrés y Vicenta ya pueden ejercer en la Corte Suprema de Justicia con sus credenciales en las audiencias, y su reto es asociarse conjuntamente con la Dra. Vicenta abriendo su bufete; además continuar juntos sus otras especializaciones en varios idiomas ejerciendo la profesión la rama Judicial por recomendación del conferencista, y por eso necesitaban celebrarlo con sus colegas la actual promoción del año de la rama Jurídica en casa de Andrés donde les esperaban sus familiares con banquete y bebidas para celebrar.

En esta celebración surge reencuentro con una vieja amiga de Andrés y cercana de la familia quién se mostró estar enamorada locamente de Andrés; a tal punto que Andrés también le correspondió a la joven, pero haciendo hincapié que su amiga Vicenta estaría siempre con él como su amiga predilecta, además su colega y amiga, sugiriéndole no le tuviera celos porque es considerada como casi su madre y amerita respeto, así se lo hizo ver, como también del mismo modo para que Vicenta no se incomodara por cualquier mal entendido de aquella noche de celebración.

Esa noche es de alegrías, risas, brindis, música, comida y hasta pista de bailes, mientras que Andrés por su entusiasmo bailaba con Vicenta, y otras veces con su enamorada sin escatimar que Vicenta es una señora mayor de casi veinte años mayor que él, Andrés la admiraba ser muy inteligente además ella es una señora elegante, bien parecida.

Al finalizar la celebración Andrés públicamente agradeció ante todos sus familiares y amigos el agradable momento que paso esa noche, y más tarde ofreciéndole llevar a Vicenta descansar a su casa llevándola en su auto descapotado

Al dejarla en su casa le recordaba a Vicenta que al día siguiente le espera puntual en la puerta del Ministerio Público para entregar la constancia de los resultados de la Psiquiatra, y esperar con ansias la nueva fecha de la audiencia en la sala de la Corte Suprema de Justicia, quedando Vicenta satisfecha también le agradeció por su compañía y acepto el encuentro para el día siguiente, por supuesto Vicenta y Andrés se quedaron con copia de esos resultados.

Aquel momento de Vicenta no se lo puede creer que ya está preparada y lista como abogada en la sociedad; pero lamentaba que su hijo Gaspar no hubiese tenido la misma suerte, y para su consuelo ella está haciendo lo que él no quiso hacer para ser brillante, pero lo hace para que pueda recapacitar, como también agradecida a Andrés que le brinda su apoyo desde el primer momento que lo conoció.

Para Vicenta Andrés es como su hijo, el hijo que la vida le apartó por su desequilibrio y lo quiere como tal a Andrés, porque además de ser su gran amigo ha sido ese apoyo incondicional y apoyo pudo terminar su carrera.

Y de ese modo en ese momento solo hizo una plegaria y luego se quedó dormida hasta el día siguiente. De tal manera que al día siguiente Vicenta se levantó entusiasmada, se preparó su ducha, tomar su desayuno y ponerse su mejor traje ejecutivo para representar con ética su carrera e irse a encontrar con Andrés al Ministerio Público como habían quedado el día anterior.

Al llegar Vicenta al Ministerio Público divisó a una cuadra a su amigo Andrés venir a su encuentro bien apuesto como todo un profesional en el derecho, que la emocionó tanto verlo, a tal punto que a Vicenta le brotaron unas lágrimas diciéndole

— Siento Andrés un gran afecto hacia ti, considerándote como ese hijo que no tuve la oportunidad de verlo todo un profesional.

Respondiéndole Andrés.

— Vicenta la vida es una ruleta, ahora soy tu hijo putativo y me siento orgulloso de ti como si fueses mi madre.

Días más tarde se acercan al fiscal de turno presentándose ante ese organismo como abogados del acusado Gaspar Harris, a quien se le practicó unos exámenes Psiquiátricos previamente solicitados en la audiencia pasada por el juez de control, en tal sentido necesita saber este informe si está listo para para la próxima audiencia, además saber para cuándo es la próxima audiencia.

Luego son atenidos por funcionaria muy amablemente, invitándolos tomar asiento mientras busca el expediente, luego le comenta que, si fue aprobado anexándolo al expediente, y manifestándoles que todo está en orden, y de paso le anuncia que para la próxima audiencia ante la Corte Suprema de Justicia del estado Federal la pautaron para la hora diez de la mañana, día treinta del mes de agosto del año en curso,

Como resultado de esta visita lo primero que hace Andrés y Vicenta, es ponerle en conocimiento la fecha pautada y hora de la próxima audiencia al abogado Mario quien estuvo atento para recibir ese informe, luego se ponen de acuerdo para establecer el nuevo argumento para tal reto en sensibilizar al juez de control que aunque todo era impredecible los jurados y el Juez de Control tienen la última palabra.

Ambos abogados se reúnen en preparar bien sustanciado argumento para la defensa de Gaspar Harris con ese diagnóstico de la Psiquiatra y todo lo que se pueda hacer relacionado con códigos que aplicara en persuadir al Juez, aquí Andrés estaba dándose la oportunidad de aprender de este caso de Gaspar, y al retirarse le da gracias al abogado Mario por su colaboración hacía él.

Esos días de tensión Vicenta que se lo notó Andrés, inmediatamente al verla así le propuso irse al cine para disipar la angustia que siente; proponiéndole que después del dictamen de la Corte Suprema en el juicio de su hijo; él le anticipa que pasara lo que pasara la llevaría a tomar unas vacaciones por el mar Caribe, pero solos.

Con lo de la enamorada lo tomará para otra ocasión; porque esta vez se trata de relajarse ambos después de tantas tensiones de mucho trabajo; entre la graduación y el juicio de Gaspar. Ameritando en esta ocasión tener un descanso para continuar la vida de profesionales que tanto ambos lo necesitan, aceptándole Vicenta la noble propuesta en esta ocasión.

De tal manera que Andrés escogió la película de Cantinflas que como cómico es un antídoto para aliviar tensiones y reírse a carcajadas en vez de preocuparse, Andrés compró algunas golosinas y la trataba como si fuese su madre; porque sabe que nunca va a disfrutar a verdadero hijo y Andrés por eso le hace esas atenciones con su terrible situación.

Su colega y amigo Andrés disfrutaba con ella de aquella película que se morían de la risa, y a carcajadas. Vicenta aprecia el apoyo de

Andrés porque le hacía ver una vida diferente y más feliz, al siguiente día hicieron averiguaciones de algunos locales para ir adelantando alquilar para el bufete de ambos.

Andrés y necesitaba de una pareja, él prefería darle prioridad a sus proyectos porque de lo contrario una mujer le distraía mucho, y por el tema que no le dedicaría mucho tiempo a su pareja por sus deberes como profesional, se arruinaría todo al final, Andrés es muy centrado y sabe darle la prioridad a lo que le dé frutos, además Andrés estaba seguro que una vez estuviera sólidamente bien definido en todos los sentido encontraría consagrar con su pareja un gran equilibrio con su familia, pero Andrés debe acercarse a conocer la chica que también le simpatiza, pero sin involucrarse mucho

En tal sentido que al siguiente día llamó la enamorada para saludarla, haciéndole ver que sigue muy pendiente de ella, pero está ocupado por el momento

— Pronto vamos a conversar y ponernos de acuerdo para darnos cariño amor que lo necesitamos.

Por otra parte, la defensa de víctimas estaba sumamente preparados para argumentar los adicionales delitos cometidos y encontrados en el expediente sobre las denuncias en contra del asesino Gaspar, el abogado defensor de las víctimas es expertos penalistas en el derecho, y está demostrándolo ante las evidencias.

Andrés ha observado que para ser buen abogado que no es cuestión de dar argumentos, aprendió mucho que, para un abogado eficiente, se trata de persuadir con entusiasmo el derecho a la vida misma como la clave, y su cliente a pesar que hay exámenes convincentes que puede salvarle la vida, se escapan de sus manos los resultados que obtenga.

De modo que esta vez el defensor de las víctimas argumenta el caso de la señora que le dio trabajo a Gaspar en su mansión, y le defraudó por varios meses donde estuvieron en peligro cuando los dopo con la droga del estupefaciente y robarle su auto, más los muchos daños ocasionados a la pareja peligrando sus vidas, y la señora se llama, Johana Peterson y su marido Daniel Brown quien hace la denuncia.

CAPÍTULO XV

La presentación formal de un penalista exitoso

El penalista logro encontrar el caso también de la testigo que salvó su vida, y que gracias a su decisión de salirse del auto aun estando rodando cayendo al suelo y una vez en el suelo con astucia y habilidad y coraje llamó a las autoridades denunciándolo ser el que anuncian en el retrato hablado.

Lográndose finalmente la captura del acusado Gaspar Harris, el abogado en cuestión tiene muchas evidencias en contra del acusado Gaspar que para su mala suerte las evidencias y denuncias adscritas no salvarían la pena de muerte a pagar como su condena. Y el alegato más fuerte que expone es que fue un azote a la sociedad por mucho tiempo en la Ciudad de Florida USA.

Además, convocó al público para ese día de la audiencia; entre ellas los familiares y testigos para sopesar suficiente constancia presencial, preparada con profesionalismo. El abogado defensor de víctimas hizo escritos bien argumentados y sustanciados para la fiscalía; organismo correspondiente a casos de las denuncias, y argumentos de abogados defensores cado uno por su causa de la defensa.

Al acercarse la semana antes de celebrar la audiencia, Vicenta, Andrés y Mario chequean todo lo relacionado al expediente estando en regla y perfecto orden para esa defensa de Gaspar, sorprendiéndose ver aquel argumento del abogado defensor de las víctimas, que a pesar que ellos sabían todas esas denuncias no les sorprendió que su colega Dr. Peter Eloy tiene el suficiente profesionalismo, y para Andrés es un aprendizaje más con este ejercicio; y eso se lo hizo ver Vicenta en tener todo preparado para cualquier eventualidad.

Muy temprano se presentan Mario y Andrés visitando con entusiasmo a su cliente dándole ánimo para la próxima audiencia preliminar, para que no le cayera de sorpresa lo que pudiera resolver la Corte Suprema de Justicia, porque finalmente se asumen con dignidad, pero se presume que solo está en sus manos de Gaspar y debe quedarle una reflexión para futuro, manifestándole Gaspar seguidamente.

— Mis queridos abogados me siento muy reconfortado con sus palabras de aliento, los recordaré toda la vida.

El Doctor Andrés Febres deja para su reflexión en Gaspar en lo siguiente:

— Gaspar recuerda siempre estas palabras, que errar es de humano, pero siempre prevalece la justicia del hombre y la justicia de Dios que en todo caso tú eliges en quien creer, porque finalmente la filosofía de vida no tiene religión; sino la razón en respetar la dignidad humana.

Escuchar Gaspar a sus abogados Andrés muy atento, le queda algo de su recomendación que le hacen reflexionar de alguna manera ayudarlo ser fuerte, además recordarle que al siguiente día esté preparado en la última audiencia comparecer ante Corte Suprema de Justicia; donde lo llevarán a las nueve y media de la mañana, porque empieza a las diez y debe estar listo para que los guardias lo lleven.

Gaspar movió su cabeza en señal de mucho agradecimiento para ambos abogados, luego al retirarse Andrés y Mario de la penitenciaría le dan un apretón de mano y una palmada a sus hombros porque ya está finalizado ésta misión ayudando a Gaspar, y queda solo asumir sus consecuencias adquiridas por sus actos consumados.

Finalmente se instala la última audiencia en la Corte Suprema de Justicia del Estado Federal, amaneciendo ese día lloviendo toda la madrugada, las calles están súper húmedas, el tráfico insoportable, mientras que cada uno se prepara salir lo más temprano de lo previsto por saber que la Corte Suprema abre su sesión en la hora indicada, de manera que llegaron todos los participantes y además la audiencia muy puntual.

Los representantes de la Corte Suprema de Justicia, (los doce jurados, la Fiscalía con representantes, el Juez de Control, todos los abogados, los guardias de custodia con el acusado Gaspar; quien ya estaba sentado en el banquillo del acusado, los familiares de las víctimas, además de Orlando Raymond quien declara un detalle como testigo, si la Fiscalía se lo permite.)

Ya todo listo para dar inicio de esta última audiencia en que pudieran condenar o absolver al acusado Gaspar Harris. Todo está en manos del Juez de Control. Finalmente se abre la sesión del día comenzando por las palabras del señor Fiscal de turno; dando primeramente la bienvenida a participantes citados en esta corte para la última etapa de la audiencia con palabras como éstas.

— Hoy veintitrés del mes de agosto, año mil novecientos setenta y cuatro, iniciamos última etapa de audiencia contra el acusado ciudadano Gaspar Harris, quien el Juez de Control le concedió se le extendiera su defensa por ley en la audiencia pasada, con sus abogados defensores.

— Hoy se nombran testigos de ambas partes, tanto del acusado, como de víctimas; para ajustar a derecho ante la Corte un veredicto final según vayan exponiendo en sus justos relatos y derechos.

En esta oportunidad la Fiscal empezó por darle la palabra al abogado de la defensa Doctor Peter Eloy, abogado de las víctimas para que en esta oportunidad exponga su próximo argumento y presente a sus testigos del acusado Gaspar Harris, el salón está concurrido de tantas personas que el ambiente está en suspenso a los acontecimientos.

Empezando el abogado Peter Eloy defensor de las víctimas ponerse de pie, dirigiéndose al Juez de Control

— "Buenos días su señoría soy el licenciado Peter Eloy abogado titulado ciudadano estadounidense y represento en esta oportunidad la defensa de víctimas asesinadas vilmente en este estado Florida.

— Y como defensor de las víctimas expongo hoy las acusaciones graves que sufrió la señora Johana Peterson, una señora de la sociedad que le dio trabajo de jardinero en su casa varios meses a Gaspar; abusando de su confianza, robándole luego su auto y además dejarlos drogados con estupefaciente.

— Además está en la sala presente otra testigo quien salvó su vida por ser más hábil bajándose del auto y pedir ayuda a las autoridades

— Ahora ante este tribunal pido justicia en nombre de todas las víctimas, de esta ciudad de Florida.

Y continúo diciendo el Abogado Peter Ely.

— Mi petitorio en nombre de mis defendidas, es sea castigado con la máxima pena que pueda darle la justicia a Gaspar en esta Corte Suprema de Justicia a un enfermo azotando toda una sociedad y solo eso ahora la comunidad presente sabrá agradecerle señor Juez.

Momentos más tarde el abogado anuncia la testigo que le robó su auto en su mansión y le trabajó por varios meses con documentos falsos, mientras la señora muy furiosa posesionándose como testigo espera las preguntas.

— Primero Señora Johana le doy las gracias por ese valor de contarlo como testimonio, y segundo diga su nombre completo.

— Mi nombre es Johana Peterson.

Preguntándole

— ¿Cómo fueron los hechos del día en que se dio cuenta del robo de su auto?

Respondiéndole lo siguiente:

— Mi marido había llegado de viaje esa tarde con su uniforme de capitán de aviación, y como estaba cansado decidimos descansar en la alcoba; pero fue raro que duramos durmiendo más veinticuatro horas y parte del día siguiente; notando su uniforme de aviación que ya no estaba en nuestra alcoba, seguimos viendo alguna otra anomalía y tampoco está el auto.

Continúo relatando los hechos:

— Fue allí donde mi marido y yo caímos en cuenta,

— ¡quién más puede ser que Gaspar! Que como mi empleado era la única persona responsable de los muchos hechos ocurridos ese día, y fue allí que decidí conjuntamente con mi marido denunciar el caso. En ese momento que el oficial que nos tomó la denuncia notó que estaba drogada con escopolamina.

Al terminar de exponer la señora Johana Peterson, le da las gracias el defensor y prosigue a su puesto, para luego seguir la otra testigo quien complementa versión sobre la huida que la liberó de la muerte.

— Señorita de antemano le damos gracias por su testimonio ahora diga su nombre y cuente su relato.

— Gracias Doctor Peter mi nombre es Cindy Khan.

Luego le dice

— Me llamó la atención por tener el acusado buena apariencia como capitán de aviación y su labia aceptándole después de dialogar su invitación de tomar una cerveza, pero cuando él me invitó al auto quedé sorprendida ver detrás del asiento una mochila con objetos punzantes, y sospeché de inmediato de su presencia por lo anunciado del psicópata suelto haciendo víctimas de muerte

Rápidamente me salí aun rodando el auto al suelo, y salí corriendo a pedir ayuda a la emergencia de las autoridades que afortunadamente lo capturaron y pude salir ilesa de sus garras y sus malas intenciones, eso es todo los que le puedo contarles, estoy viva señores gracias a Dios.

Finalizando con ésta última versión del testimonio le da la palabra el Doctor Peter Ely al Fiscal de Control

En tal sentido después de toda la intervención El Fiscal lo felicita por sus argumentos fundamentados, concediéndole la palabra al abogado de la defensa del acusado Gaspar Harris Licenciado Mario Gil.; El Licenciado se pone de pie luciendo optimista y dirigiéndose a todos en general en especial al Juez de Control:

— "Su señoría buenos días con el debido respeto yo me presento como el abogado titulado de nombre Mario Gil, ciudadano estadounidense y que ante la ley representó al acusado Gaspar Harris quien y en el día de hoy presenta varios cargos que se le imputan.

Y continúo diciendo

— Hora bien, el acusado se declaró ante el Juez de Control en la audiencia pasada de haber cometido esos delitos, y en ese orden de ideas ante la Corte Federal demostramos a los Jurados, y Fiscales tener pruebas de esos resultados Psiquiátricos que se le hizo debidamente consignadas en la Fiscalía dentro del tiempo señalado de la ley por el Juez de Control, y los resultados arrojaron un severo desequilibrio esquizofrénico, además deficiencia en la autoestima baja; entre otros, considerando que Gaspar amerita por su diagnóstico ser recluido al Sanatorio Psiquiátrico.

Continúo diciendo:

— Rogamos su señoría que tome en cuenta este resultado para solicitar sea recluido al Sanatorio donde pueda sanar si lo consideran necesario, y mi colega Doctor Andrés Febres su defensor de Gaspar Harris aquí presente, tiene hoy su argumento para su defensa también Finalizando su intervención aquí el licenciado Mario Gil.

Luego concediéndole el Fiscal la palabra al abogado Andrés
Febres para dar su argumento

— Su señoría buenos días, con el debido respeto yo me presento como licenciado abogado titulado Andrés Febres, ciudadano estadounidense quién en este momento represento para su defensa del acusado Gaspar Harris, y en concordancia de lo dicho por mi colega Licenciado Mario Gil; somos testigos del examen practicado en días pasado a Gaspar quien con la profesional en Psiquiatría hizo los informes que aquí presento

Continúo diciendo.

— Rogamos su señoría reconsiderar una oportunidad de vida al acusado Gaspar recluirlo en Sanatorio psiquiátrico, donde pueda sanar. Aquí tengo las pruebas pquiquiatricas del examen arrojado en su intervención por la Psiquiatra. Su cuadro psiquiátrico es muy grave, sugiriéndole su señoría darle la oportunidad en sanar su psiquis siendo a futuro un hombre diferente, dejando a consideración su decisión en esta Corte.

— Su señoría hoy quiero presentar un testigo que descubre el origen que conllevo a Gaspar delinquir y dentro de su investigación como Detective se lo contará.

La audiencia curiosa aplaude, queriendo escuchar a ese testigo que tomo el caso como investigador, concediéndole la palabra el Fiscal a Orlando Raymond contar del origen fenomenológico de Gaspar Harris.

:

— Andrés le pregunta en voz alta que diga su nombre su oficio durante su investigación y relate lo que sabe sobre Gaspar Harris.

—Orlando Raymond se pone de pie y dice lo que descubrió.

— Mi nombre Orlando Raymond y mi relató es muy peculiar por ser corto, pero tiene un fondo triste.

Continúo diciendo

.

— Dentro de mi investigación, Gaspar escoge a su víctima por recordar dos mujeres que amó, su madre y su novia que luego lo decepcionaron. Gaspar las escoge en su demencia matar la mujer que encuentre por la forma de peinarse, con la raya en la mitad, rubias y cabellos largos, y no me suena raro que Gaspar tenga la esquizofrenia,

—Pero como detective supe también que sus raíces de este fenómeno surgen desde el momento de su gestación sufriendo su madre muchas angustias, las fotografías de las víctimas que averigüe se las presento hoy luciendo ambas la misma forma de peinarse.

—Doy las gracias el Licenciado Andrés Febres por participar. Y sigue Orlando a su puesto.

CAPÍTULO XVI

La sentencia de muerte declarada por la corte

El abogado Andrés al escucharlo le queda clara la evidencia de la raíz de su enfermedad esquizofrénica, mientras tanto finaliza su intervención dando gracias a ésta Corte.

Luego la Fiscal finaliza las intervenciones de las contrapartes dando anuncio un ligero receso para retomar en unas dos horas y escuchar el veredicto final del Juez de Control en esta sala, rogándoles salieran en forma ordenada, excepción de los representantes de la Corte Suprema de Justicia y el acusado, y de esa manera se desenvolvió ese evento.

El eco de aquellos gritos de familiares es de alarmarse contra Gaspar gritándole ¡asesino!, ¡asesino! tiene que ser castigado con mucho rigor. La audiencia enfurecida mantiene un alboroto con gritos afuera del pasillo; porque si lo hacen en el salón de la Corte suspenden el juicio, y eso es contraproducente.

Vicenta solo hace plegarias para que no lo llevaran a la pena de muerte a su hijo, y si así fuera llevaría el peso en su conciencia de madre por no haberlo atendido en sus deficiencias psíquicas y emocionales en sus momentos cruciales cuando a su corta edad quedó embarazada, sintiendo la misma pena mucho más dolorosa como tan igual lo siente su hijo Gaspar.

Andrés la consuela como si fuera su madre y solo le quedaba animarla, demostrarle afecto ejerciendo en el derecho penal para subsanar aquel dolor, y Vicenta aprende en ser una eficiente y experta abogada. Aquí no cabe duda que la conducta de su hijo es grave, como tan grave fue no poder hacer nada por él.

Y eso daba pie para que Vicenta corriera darle el abrazo que tanto añoro como madre, y Gaspar en recibirlo como su hijo; aunque es demasiado tarde para hacer lamentaciones. Una vez termina el receso tocan campana para ingresar al salón de la Corte Suprema volviendo a sus puestos y esperar los acontecimientos del veredicto del Juez.

En ese salón se siente un silencio de muchas expectativas. Vicenta con mucho dolor se acerca nuevamente a Gaspar lo besa y le pide el perdón por tanto dolor causado en él, y el de los demás, y le dice:

— Hijo soy tu madre que siento tu dolor en mi corazón y te amo, salga cualquier resultado hijo quiero que sepas que estás en mi corazón.

Luego de la espera del veredicto del acusado Gaspar rompe el silencio el Juez de Control poniéndose ordenando ponerse de pie todos como señal de respeto, después se sientan todos escuchando las palabras del Juez de Control con lo siguiente:

— En nombre de la ley que me confiere ante este Tribual de la Corte Suprema de Justicia del Estado Federal de USA.

—Además los asistentes integrantes en celebrar la Corte como Jurados, Fiscales, los abogados defensores; tanto de las víctimas y el acusado, y en concordancia con los doce Jurados como mediadores

dan sin más preámbulos cerrar este caso con un justo resultado ante sus mltiples asesinatos al acusado Gaspar Harris.

Y contina diciendo el Juez de Control.

— Y el veredicto es que el acusado lo declaramos culpable de todo lo que se le imputa, en este momento la ley lo penaliza con la pena de muerte.

—. ¡He dicho!

El juez afirma su sentencia bateando con su mallete de madera contra su escritorio y con su voz enérgica dice

— Caso cerrado.

Mientras las madres de las víctimas más el público sueltan un grito en coro ¡mátenlo! ¡Asesino!, Peter Ely abogado de las víctimas queda satisfecho, mientras que Andrés conjuntamente con Mario y Vicenta prefirieron retirarse y no ver la escena de la pena de muerte de Gaspar, seguidamente guardias de seguridad llevan al lugar donde se ejecuta esa fuerza macabra de matarlo bajo esa electricidad fuerte.

Vicenta llora desconsoladamente el final de su hijo, mientras que su hijo miró a su madre con mucho dolor, diciéndole:

— Ya es muy tarde para arrepentimiento; pero finalmente te perdono madre biológica, porque me diste la vida para aprender una lección y bien cara.

Finalmente, Andrés se llevó a su casa Vicenta pasara su duelo mientras él preparaba el viaje que le prometió como paseo al mar Caribe; donde podría pasar más tranquila y olvidar por unos meses para luego llegar a una realidad de una nueva vida.

Un año más tarde Andrés y Vicenta formalizan en su Bufete cumplir su proyecto, entre esos seguir preparándose con varios idiomas para ejercer como abogados Internacionales en lo penal junto con Vicenta y seguir sus vidas normales y dejar atrás la historia triste de Vicente que sufrió por muchos años haber tenido un hijo que declinó a vivir una vida normal.

La historia de la madre de Gaspar Harris quedó en el pasado como una lección de vida, tomando la misión apoyar a madres que tengan sus hijos en la atención adecuada para una mejor sociedad, y Andrés amigo y colega quiere lo mejor para Vicenta como su madre adoptiva y consejera; comprometiéndose a los seis meses retomar con su pareja la decisión de formalizar a su edad madura de treinta y cinco años de edad; el feliz acontecimiento de su matrimonio, un hogar que estará garantizado en una sociedad sana. Y viviendo finalmente felices todas sus nuevas vidas quedando atrás la terrible pesadilla que azotó a toda una sociedad de Florida.

FIN

BIOGRAFÍA

La autora de esta obra literaria y Docente Luz Marina Cabeza Roa protagonista de obras diferentes (Románticas, Policíaca y desarrollo personal) nació en Colombia específicamente la (Atlántico) ciudad de Barranquilla, nacida un 15 de octubre de 1.953. Finalizó sus estudios en la Normal Mixta de la Costa Norte en el año 1978 como Docente, luego continuos estudios en relaciones Públicas en la Universidad de la Costa Corte adicionando para su carrera de escritora en la Escritura Creativa, Ensayo literario, Oratoria de voz y dicción.

Es miembro de la Organización Soka Gakai Internacional, (Sociedad para la creación de Valores) Adquiriendo conocimientos de filosofía de vida. (SGI) dedicada a la paz. Es de estado Civil viuda y madre de dos hermosas hijas y un nieto.

Entre sus Obras "Entre tú y yo" género Romántico "El Detective" G. Policíaco y "La Sombra del miedo iluminada" ésta última es de desarrollo personal.

AGRADECIMIENTO

Este proyecto fue inspirado con pasión en el año 2016 y terminado en 2022 con la colaboración de expertos en la rama judicial, aunado a investigaciones sobre casos policiacos

Agradezco a todos los que colaboraron de hacer posible esta obra; sobre todo esos testimonios que experimentaron tantas personas en esa ocasión en la década de los años setenta. Muy a pesar que se trata de jóvenes.

Agradezco a mis hijas que me apoyaron como también amistades que les gusta la lectura de este tipo de novelas.

Como también agradecida de los medios de comunicación de los años setenta y cuatro (74). La novela policíaca es una obra que tiene escenas fuertes, por eso es llamada también novela negra. Inspirándome por ser historias reales y que nos pueden ayudar resolver a que no se repita nunca más.

Esta novela trae algunos conocimientos del derecho procesal penal y en la criminalística, además el desenvolvimiento de un juicio Oral.

www.ingramcontent.com/pod-product-compliance
Lightning Source LLC
Chambersburg PA
CBHW031626210526
45464CB00004B/1764